AF280249

Johann Peter Eckermann (1792 bis 1854) stammte aus sehr ärmlichen Verhältnissen, verstand sich selbst als Dichter und Schriftsteller und wurde 1823 unbezahlter Mitarbeiter Johann Wolfgang von Goethes, half diesem in dessen letzten Lebensjahren seine Schriften zu ordnen, ihn zu entlasten, auch anzuregen und an alten Vorhaben weiterzuarbeiten. Das Theaterstück spielt im Jahre 1842: Eckermann, allein geblieben, sich in die Vergangenheit vertiefend, immer noch in seinen Gedanken und seinem Arbeiten um Goethe kreisend, von Armut, Erfolglosigkeit und Selbstzweifel tief gebeugt, träumt davon, seinem Leben eine Wende zu geben, sich neue Bewegung zu verschaffen. Er beschließt, mehr Traum als Wirklichkeit, seiner inzwischen in Wien lebenden Auguste, der großen Liebe seines Lebens, nachzureisen, neu anzufangen. Ein Versuch, der bei aller Tragik doch nicht gewisser absurder Züge entbehrt.

Andreas Hafer, geboren 1951, studierte Geschichte, Mathematik, Philosophie und Kunstgeschichte, promovierte über ein Thema zur mittelalterlichen Stadtgeschichte. Zahlreiche wissenschaftliche Veröffentlichungen vor allem zur Stadtgeschichte und Wissenschaftsgeschichte. Das Thema Eckermann beschäftigte den Autor seit seiner Schulzeit, eine Reihe literarischer Versuche zum Thema über Jahre hinweg führte schließlich zu diesem Stück, das in einer gekürzten Fassung 2004 uraufgeführt wurde.

Andreas Hafer
Eckemann in Wien
Ein Theaterstück

Sich dem Leben eines anderen Menschen zu nähern, ist nicht ohne Konstruktion denkbar, eine Form der Vergegenwärtigung, bei der wir Leitmotive in dem anderen Leben zu erkennen glauben, in denen sich doch notwendig unsere eigenen Erfahrungen und Erinnerungen ausdrücken. So geschieht es gleichermaßen beim Schreiben wie auch beim Anschauen von Theater, dass wir das worüber wir schreiben, das was wir uns anschauen, mit unseren eigenen Phantasien und Vorstellungen überlagern, dass wir im Grunde immer nur uns selbst verstehen wollen.

Hugo Edward

Andreas Hafer

ECKERMANN IN WIEN

Ein Theaterstück

ISBN 3-8334-1794-3

Inhaltsverzeichnis

Eckermann in Wien

ein Theaterstück

Personen

Johann Peter Eckermann
Frédéric Soret, ein Freund Eckermanns
Männer in einem Beisl
Wirtin in einem Beisl
Ein langer hagerer Herr (Nestroy)
Johann Wolfgang von Goethe
Mephisto / mephistophelischer Spitzel
Eckermanns Vater
Fremder
Ein Wiener
Auguste La Roche, geb. Kladzig
Hanchen (Johanna Eckermann, geb.Bertram),
Ein Devotionalienhändler
Cal La Roche, ein Schauspieler
Gäste im Kaffeehaus
Ein livrierter Kellner im Kaffeehaus
Vorsitzender der Wiener Goethe-Gesellschaft
Fragende Wiener
Ein etwas verwahrloster Wiener
Lerxike, eine mythologische Gestalt
Ottilie von Goethe, Goethes Schwiegertochter
Dr. Romeo Seligmann, Freund Ottilies
Max Springer, reicher Wiener
Amalie, seine Frau
Sophie von Wertheimstein, Amalie Springers Mutter
Eduard Todeo, Sophie von Wertheimsteins Gatte

1 Weimarer Vorspiel

Unbestimmbare Zeit. Eckermann auf seinem Stuhle sitzend, in seiner Weimarer Wohnung, offensichtlich kränkelnd, von vielen Vögeln umgeben, liest laut aus einem Buch vor. Gewissermaßen ein Leitmotiv.

ECKERMANN „Jeden Tag, seit wenigstens zehn ganzer Jahre, beschloss mein Vater, es ändern zu lassen – noch ist nichts geändert; in keiner anderen Haushaltung, als der unsrigen, hätte man es eine Stunde geduldet, - und was Sie noch mehr wundern wird, in keiner Sache von der Welt war mein Vater so beredt, als über Tür und Angel. - Und nichts desto weniger war er sicherlich, nach meiner Meinung, einer von denen, die das hohlste Geschwätz darüber von sich gaben, die nur die Geschichte ausweisen kann. Seine Theorie und seine Praxis lagen sich hierüber beständig in den Haaren. - Die Stubentüre konnte nicht aufgehen - ohne dass seine Philosophie, oder seine Grundsätze eine Ohrfeige bekamen; - drei Tropfen Oel auf einer Feder und ein guter Schlag mit einem Hammer hätten seine Ehre auf einmal gerettet.
Was ist der Mensch für ein widersinniges Ding! - Kränkelt an Wunden, die es nur bei ihm steht zu heilen! - Sein ganzes Leben ein Widerspruch seines besseren Wissens! - Seine Vernunft, diese ihm von Gott geschenkte teure Gabe - (anstatt Oel zur Linderung aufzugießen) dient ihm bloß, ihre Reizbarkeit zu erhöhen - ihre Schmerzen zu vervielfältigen, und ihn dabei ungeduldiger und trauriger zu machen. - Warum, unglückliches Geschöpf, bist du so! - Ist's nicht genug an den unvermeidlichen Übeln dieses Lebens, musst Du denn den Haufen Deiner

Bekümmernisse noch freiwilliger Weise vermehren! - Da kämpft er gegen Übel an, die nicht zu vermeiden steh'n, und unterwirft sich andern, welche ein Zehntel von der Mühe, die sie ihm machen, Ein für Allemal von seinem Herzen wälzen könnte. Bey allem was gut und tugendhaft ist! wenn innerhalb zwanzig Meilen in der Runde um Schandyhall noch drei Tropfen Oel, und ein Hammer zu finden sind, so soll die Hespe an der Türe geändert werden. Noch unter dieser Regierung."

Eine Türe quietscht Eckermann hüstelt.

2 Weimar im Frühjahr 1842, eine Erinnerung

Soret, Eckermann, nebeneinander auf einer Bank sitzend.

SORET Ja, Eckermann, wir stehen da, reichlich verletzt von Lebensstürmen, aber auch reich an Erinnerungen, die ich mit keinem der so genannten Glücklichen vertauschen möchte.

ECKERMANN Es scheint einmal nicht mit uns auf Glück abgesehen zu sein, und ich komme sehr gut in dem Fall an den Tasso zu denken, wo gesagt wird: Wer ist denn glücklich? Man lasse nur alle seine Freunde und Bekannten im Geiste die Revüe passieren und man wird zuletzt immer auf jenen Spruch zurückkommen und sagen: Wer ist denn glücklich? Ich bin seit Jahr und Tag durch die widerwärtigen Schicksale tief niedergebeugt und es wird bei meiner großen Armut schwer halten wieder auf eine solche Höhe zu gelangen, um noch einmal leichte Lebensluft zu schöpfen.

SORET Aber sie sagten mir doch wohl einige Male, dass Sie ein so großes Glück empfunden als Sie bei Goethe waren.

ECKERMANN Allerdings. Es waren Augenblicke des Glückes. Wenn Goethe mich lobte. Mir von seinem Teller gab, mich Anteil nehmen ließ an seinem Reichtum an Weisheit und Bildung ...

SORET Am materiellen Reichtum ließ er Sie ja nun tatsächlich nicht teilhaben!

ECKERMANN ... an seinen Gedanken und ich davon träumte in diesen Gedanken fortzuschreiten – über Goethe hinaus. Ich träumte davon literarisch hervorzutreten, ich würde dann, so stellte ich mir vor, eine Macht sein, Anträge erhalten von Berlin, München oder Gott weiß woher. Ich erinnere mich eines meiner Gedichte jener Zeit:
Die Zeiten ändern sich
Homer ist hin
Es fehlt nichts als der Glaube,
dass ich's bin.

SORET (*ermutigend*) Und jetzt Weimar!

ECKERMANN (*bitter*) Jetzt Weimar. Ich wähnte es nicht als mein Lebensziel, als Station, nicht mehr. Ich war immer unterwegs, ich ging einmal in tiefstem Winter durch tiefsten Schnee von Winsen nach Hannover, zu Fuß, um bei einem Maler in Lehre zu gehen. Ich lief meilenweit, um eine Schule besuchen zu können, ich lief nach Göttingen, um dort studieren zu können, und ich lief von Göttingen nach Weimar, nur um Goethe einmal zu sehen.

SORET Und Sie blieben dort hängen?

ECKERMANN Seltsam. Magie. Ich war gebannt, in allen meinem Lebenswillen, gebannt! Besessen von

Goethe, am freien Tisch, den man mir gewährt hatte und in Armut. (*kurze Pause*) Die Armut ist mein Unglück. (*kurze Pause*) Erinnern Sie sich an meine Bekannte Auguste. Sie allein verschaffte mir etwas Bewegung, durch sie konnte ich mich für kurze Augenblicke dem Bann entziehen. Sie verließ mich in den Moment, als ich mein Hanchen vor den Traualtar führte. Sie floh nach Wien. Ich hätte gute Lust ihr zu folgen.

SORET   Nach zehn Jahren?

ECKERMANN   Was sollte mich hindern. Ich möchte Sie noch einmal sehen, auf der Bühne, im Leben.

SORET   Sie hat wohl den La Roche geheiratet, hört man.

ECKERMANN   La Roche hat mich noch nie gestört.

SORET   Sie erinnern sich all der Seufzer, die Sie in Ehren geseufzet haben, und all ihrer kleinen Aufwallungen von Eifersucht, der anmutigen Erscheinung ihrer süßen Schülerin, die Sie auch dazu brachten die Augen davor zu verschließen, dass sie nur eine mittelmäßige Schauspielerin war, lebendig wie ein Aal, leicht wie ein Lufthauch. Sie hatte sich, sagen Sie, seit ihren Theateranfängen bewundernswert entwickelt, aber ich rate Ihnen keine Anstrengungen zu unternehmen, um sie wiederzusehen, damit Sie das Glück ihrer Erinnerung behalten. Ein Wiedersehen würde nur eine große Enttäuschung sein.

ECKERMANN   Auguste. Sie irren sich in ihrem Talent, wie damals schon. Mittelmäßige Schauspielerin! Sie können es doch gar nicht beurteilen, sie haben sie doch kaum gesehen. Ich habe ihre Entwicklung verfolgt, mehr noch ihren reinen Sinn, ihr reines Talent gefördert, wo es nur ging, um ihrer Liebe willen und meiner Liebe willen. Ich hatte mich schon versprochen, welche Ahnung reiner Liebe,

welches Ende! Einsamkeit. Ich muss sie wiedersehen. Unser Unglück beklagen. Wie sollte ein Wiedersehen eine größere Enttäuschung bedeuten als
das Versäumen, als die Schatten, die ich nicht los
werde, als die Trostlosigkeit meiner Existenz.

Das Licht geht schlagartig aus. Dunkel.

3 Wien im Juni 1842

*Plötzliches Licht. Eckermann vor einer etwas düster
und schäbig aussehenden Kneipe. Überhaupt eine
etwas trübe Gegend. Etwas Wein an der Tür, ein
ziemlich mieser Baum daneben.*

ECKERMANN Es ist mir als wäre ich plötzlich in eine
ganz neue Welt versetzt. Diese Weingärten, Bäume
voller reifer Kirschen, Akazien Alleen, Platanen-
bäume und über allem diesen der milde Himmel ...

*Eckermann tritt in das Beisl. Verraucht, etwas
trübe, Männer um Tische sitzend, Wein trinkend
.Eckermann tritt auf, er tut sehr bedeutend. Stellt
sich vor. Frisch.*

ECKERMANN Guten Tag. Ich bin Johann Peter Eckermann, (*zögernd, weil es keine Reaktion bei den Anwesenden gibt, nur ratlos fragende Blicke*)
aus Weimar –
in Thüringen –
hinter Leipzig –
dort hinten (*zeigt in nordwestliche Richtung*)
1.MANN Wer san Sie?

ECKERMANN   Ich bin Johann Peter Eckermann - aus Weimar.

1.MANN   (*stutzt , dann verschmitztes Lächeln, zu den Umstehenden*) Uiih. Der Eckermann.

ECKERMANN   Sie kennen mich denn?

1.MANN   I, naa, wieso?

(*Lachen, ein anderer Mann tritt herein, der 1. Mann flüstert ihm etwas ins Ohr*)

1.MANN   Das ist ein Herr Namens Eckermann

2.MANN   A geh! (*laut und überschwänglich*) Was für ein Zufall. Bevor ich daher ging sagt ich zu meiner Gertrud, heute wird's bestimmt einen Zufall geben. Vielleicht treff' ich jemanden, den ich gar nicht kenn'. Und sehen Sie, wen treff' ich. Den Eckermann!

ECKERMANN   Sie kennen mich nicht?

2.MANN   Na!

ECKERMANN   Ich bin doch der Eckermann, der Freund von Goethe.

2.MANN   Ach so, vom Goethe der Eckermann san S'!

ECKERMANN   Sie kennen denn zumindest den Goethe.

2.MANN   Naa, wieso? (*lacht und setzt sich zu den anderen an den Tisch*)

Eckermann bestellt sich einen Tee, er monologisiert, ein Gedicht aufsagend, Ratlosigkeit bei den anderen Gästen.

ECKERMANN   Gras am Wege getreten
Wird sich gleich wieder richten.
Getadelte Poeten
Sie werden immer dichten.

1.MANN   (*Eckermann nachäffend*)
Gras am Wege getreten
Wird auch drum immer lichter.

16

Getadelte Poeten
Sie werden immer dichter.
(*Lachen*)

*Eckermann stutzt. Die Kellnerin stellt ihm einen Tee
hin. Eckermann trinkt.*

ECKERMANN   In meiner Heimat schmeckt der Tee besser. Würziger. Angenehmer. Süßer.
(*schreibt in sein Tagebuch*)
In Wien sind die Wirtshäuser wohl sehr trübe und
der Tee gar nicht so gut als in Winsen und auch in
Hamburg. Das mag uns wohl als artiges Beispiel
dazu dienen eine Überlegung bestätigt zu finden,
wonach der Tee wohl schlechter werden möge, je
weiter wir von den Schiffen uns entfernen, die uns
denselben bringen. Es mag die Ferne des Wassers
die Beziehung der auf dem festen Lande Wohnen-
den zu dem guten Nass ein wenig getrübt haben.
Auch will ich nicht unbeklagt lassen, dass der
Raum, in dem den Tee zu mir zu nehmen ich mich
gerade aufhalte, voll des Rauches ist, den die anwesenden Männer erzeugen. Es mag am Winde fehlen,
aber gewiss doch an der Klarheit der Luft, was darauf verweisen mag, dass nur in der Klarheit wirklich reiner Luft wirklich reine Gedanken zum Ausdruck gebracht werden können, denen es einer gewissen Größe nicht ermangeln dürfte.

*Eckermann nippelt weiter an seinem Tee. Ein lan-
ger hagerer Herr mit etwas vorstehendem Kinn
betritt das Beisl, grüßt leger hier und da, einige
Gäste prosten ihm zu. Es gibt keinen freien Tisch
mehr. Drum setzt er sich an den Tisch von Eckermann.*

GAST   Gestatten S'?
ECKERMANN   (*Eckermann schaut etwas hilflos auf*)
GAST   Würden Sie wohl gestatten, dass ich mich setze?
ECKERMANN   Ja, ja!
GAST   Mitzi, a Glaserl Wein!

*Der Gast bekommt den Wein, trinkt einen Schluck,
kümmert sich zunächst nicht um Eckermann, dann
wendet er sich an ihn.*

GAST   Joa mei!
ECKERMANN   (*mit Zögern*) Ach!
GAST   Was schreiben S' denn da, mit Verlaub?
ECKERMANN   Ich notiere meine Gedanken.
GAST   Ham S' denn welche?
ECKERMANN   (*irritiert*) Es kommt vor.
GAST   A geh. Oft?
ECKERMANN   Bisweilen.
GAST   Ich hab auch manchmal so was wie Gedanken.
ECKERMANN   Und was machen Sie dann mit den Ge-
danken?
GAST   Ich mach mir Gedanken über die Gedanken.
ECKERMANN   Ach!
GAST   Wirklich!
ECKERMANN   So. Und hinschreiben tun sie diese Ge-
danken nicht?
GAST   Manchmal. Aber das kann gefährlich sein.
ECKERMANN   Gefährlich?
GAST   Joa mei, es gibt halt Leute hier, die mögen Ge-
danken nicht so gerne. Aber recht ham S' die Leut'.
Ich glaub' auch von jedem Menschen das Schlech-
teste, selbst von mir, und ich hab' mich selten ge-
irrt.

ECKERMANN   Solche Gedanken wollen mir in der Tat gefährlich erscheinen. Wollen wir denn nicht an das Menschengeschlecht glauben. Edel sei der Mensch hilfreich und gut.

GAST   Was reden S' da denn daher. Sie reden ja schon wie der selige Goethe persönlich und der Schiller dazu.

ECKERMANN   (*strahlt, schaut triumphierend*) Sie kennen denn Goethe?

GAST   Nona, kennen ist übertrieben. Ich hab diesen Herrn niemals gesehen.

ECKERMANN   Aber ich.

GAST   A geh. Wie war's, das Sehen?

Eckermann will deutlich zu einem zu einem Monolog ansetzen, wird jäh vom Gast unterbrochen.

GAST   Eigentlich will ich's ja gar nicht wissen. Er ist ja eh schon tot. Und die Würmer haben alles aufgefressen, wenn es denn da noch etwas zu fressen gab.

ECKERMANN   (*schaut sehr pikiert*) Aber die Kunst!

GAST   Kunst ist, wenn man's nicht kann. Denn wenn man's kann, ist's keine Kunst! (*lacht*)

ECKERMANN   Und der Ruhm. Goethes Ruhm. Die Nachwelt.

GAST   Ach hörn S' doch auf mit der Nachwelt. Nachwelt. Was hat die Nachwelt für uns getan? Nichts. Das nämliche tue ich für die Nachwelt. Und sie sollten das auch tun. Und dem Goethe, glauben S' mir, war die Nachwelt genauso sakrisch egal. Der hat seine Gspusi gehabt und seinen Wein und die Nachwelt war ihm wurscht, dafür hat er sich dann den Eckermann geholt. Und wissen S' was aus dem geworden ist?

ECKERMANN   Ich weiß.

Pause. Eckermann zerbricht den Bleistift, mit dem er geschrieben hat. Gast stutzt.

GAST   A geh.

Gemeinsames Schweigen

GAST   Gehen S' doch ins Theater. Am besten ins Theater an der Wien. Da ist's lustig. Nix Goethe und Schiller. Nix als Spaß und Jux. Da können S' lachen. Und da gibt's auch keine Nachwelt. Und keine Wahrheit. Und nix Wahres, weil gar nichts wahr ist. (*Pause*)
I muss fort. (*steht ziemlich plötzlich auf*) Servus Mitzi. Servus.

ECKERMANN   (*schreibt sich selbst diktierend in sein Tagebuch*) Es gibt hier Menschen in der Stadt, denen nichts heilig zu sein scheint. Nicht einmal das Theater und die Kunst.

4   Ein von Eckermann geträumtes Zwischenspiel von Nestroy

Goethe mit Schlafmütze, Mephisto

GOETHE   Wissen Sie, dass hier vor wenigen Minuten mein Leben in Gefahr gewesen?
MEPHISTO   Ist's möglich?
GOETHE   Spitzbuben stiegen hier ein, das Messer war schon über mich gezückt, da erscheint ein Nacht-

wandler, die Diebe halten ihn für einen Geist und fliehen.

MEPHISTO   Ein Somnambül?

GOETHE   So ist's. Ohne es zu wissen, war er mein Lebensretter, dafür sei es aber auch morgen mein erstes Geschäft, ihn glücklich zu machen.

MEPHISTO   Glücklich machen – was ist das wieder für ein übertriebener Ausdruck? Sie werden ihren Retter belohnen, aber glücklich machen – wie können Sie wissen, ob Sie das imstande sind?

GOETHE   Sehr leicht. Ich bin berühmt, er ist ein Nichts!

MEPHISTO   Das sagt noch nichts. Sie sind noch immer der, der Sie waren, der glaubt, mit seiner Größe alles auszuführen, der seine Worte nicht misst, sondern sie unbesonnen in den Tag hineinwirft.

GOETHE   Und Sie, verzeihen Sie, sind noch immer so pedantisch, so rechthaberisch als sie waren.

MEPHISTO   Ich wollte, Sie wären ein Pedant. Unbesonnene Menschen taugen nicht für die Welt, nicht für das Leben.

GOETHE   Sie reizen mich zum Widerspruche.

MEPHISTO   So versuchen Sie's, öffnen Sie der Begierde eines Menschen das Tor der Erfüllung, und Sie werden sehen, welch unabsehbares Heer von Wünschen er hineinsendet, und dann ist es erst noch die Frage, ob er sich dabei glücklich fühlt.

GOETHE   Sie halten der menschlichen Genügsamkeit eine schlechte Lobrede. Doch was den Vorwurf der Übereilung anbelangt, den geb' ich Ihnen zurück und beharre jetzt erst fest auf meinen Worten: ich will, was mir das Höchste ist, den Faust nicht vollenden, bis ich meinen Retter vollkommen glücklich gemacht.

MEPHISTO   Unbesonnener Mensch! Hüten Sie sich, dass ich Sie nicht beim Wort nehme.

GOETHE   Ich will, Sie sollen es!

MEPHISTO   Sie setzen mich sehr leicht aufs Spiel.

GOETHE   Es ist kein Spiel, ich bin meiner Sache gewiss. Bringen Sie in Erfahrung, wer der Unglückliche ist, den ich glücklich zu machen gedenke.

5   Rückblende Hamburg 1802

Eckermann als kleiner Junge. Es genügt ihn klein erscheinen zu lassen, durchaus mit erwachsenem Gesicht. Überschrift: „Der kleine Eckermann in Hamburg".
Offensichtlich große Stadt. Eckermann ängstlich an der Hand seines übergroßen Vaters, der sich aber offensichtlich nicht um seinen Sohn kümmert. Eckermann ist ärmlich gekleidet, ohne Schuhe. Sie gehen in eine verrauchte Wirtschaft. Eckermann immer noch ängstlich, kämpft gegen seine Tränen an. Sein Vater kümmert sich nicht um ihn.

ECKERMANN   (*in Bethaltung*) Mich ängstigt, mir ist bange. (*Pause*) Lieber Gott, gib mir bitte ein Zeichen, dass ich erkennen kann, dass du bei mir bist und bei mir sein wirst, und dass du mich groß machen willst und mich zu hohen Dingen haben willst. Lieber Gott mach mich groß. Gib mir ein Zeichen!

Ein fremder Mann am Nachbartisch steht auf und geht zu Eckermanns Vater

FREMDER   Ist das Euer Junge, Alter? (*auf Eckermann zeigend, Eckermanns Vater nickt, dann mit Pathos*)

Nun so sage ich euch, aus dem Jungen wird noch etwas.

Eckermanns Vater zuckt die Achseln, Eckermann freut sich.

FREMDER   (*sich an Eckermann wendend*) Nun, mein Junge wo kommst du denn her. Aus Hamburg scheinst du ja nicht zu sein.
ECKERMANN   Ich bin aus Winsen.
FREMDER   Winsen an der Luhe?
ECKERMANN   Ja
FREMDER   Und du lebst dort und gehst zur Schule?
ECKERMANN   In die Schule nicht so gern. Ich ziehe mit meinem Vater von Ort zu Ort, er verkauft dort und da etwas, immer zu Fuß und immer barfuß, ich arbeite auf dem Acker, hüte die Kühe, hole mit meinem alten Vater Holz. Wenn Ernte ist, so sammle ich Ähren. Ich habe nie eine süßere Freude, als wenn ich einen recht schweren Beutel voll Ähren gesammelt habe, den Beutel voll Ähren habe ich dann so lieb.
FREMDER   Brav Junge. Und sonst machst du nichts, außer arbeiten.
ECKERMANN   Oh, ich beobachte die Vögel. Ich male auch gern. Ein Töpfer, der wo unser Nachbar ist, hat mir einst sein Musterbuch geliehen, diese Buch zeichnete ich mit der Schreibfeder emsig nach, Blumen, Hirsche, Männer und Frauen, so wie ich es fand.
FREMDER   Brav, mein Junge. Und was möchtest du denn einmal werden?
ECKERMANN   Groß.

6   Eckermann in seiner Stube

Eckermann auf seinem Stuhle sitzend, liest aus seinem Gedichtband.

ECKERMANN   Ein Mädchen, und ohne Jalousie;
        Schön, und ganz ohne Coquetterie;
        Scharf denkend, ohne viel zu wissen.
        Gut redend, gänzlich unbeflissen;
        Auf deinem Sinne stark und stät;
        als Freundin wahr und ungeheuchelt;
        Das ist, Auguste, dein Portrait,
        Nicht ganz getroffen
        Und auch nicht geschmeichelt.
        (*Pause*)
        Ein Heer von Gecken, wie sie dich umschranzen,
        Erst mit dir lachen, und nun mit dir tanzen!
        Und all die Narren nichts als Sinnestrübe!
        Und ich mit reiner, tief empfundner Liebe.–
        Und unbeachtet, einsam, fern zu stehen,
        Und meine Schmach mit eignen Augen sehen!
        Ich hielt genügsam stets mich in der Ferne;
        Bescheidnes Sinns blickt ich zu dir hinan;
        So wie man aufblickt nachts zu schönem Sterne,
        Es scheint und glänzt und wandelt seine Bahn.
        (*Pause*)
        Unsinn!

7   Heldenplatz, mit antizipierenden Elementen

Eckermann auf den Heldenplatz, der damals gar nicht so hieß, geworfen, geht schlafwandelnd umeinander, etwas wirre blickend, unsicher um das

Denkmal schleichend, das es damals noch gar nicht gab.

ECKERMANN   (*eher stammelnd*) Hel – den - platz. Heldenplatz, das ist gut. (*mit Vehemenz und Pathos*) Ich bin ein Held, ausgesetzt auf den Wassern der Luhe ... (*schaut gespannt ins Publikum, ob sich etwa jemand rührt, durch Lächeln oder sonst einer Äußerung, der zu wenig oder zuviel des Wissens verrät*) ... auf den Wassern der Luhe. Aufgewachsen in der Armut, der Ärmlichkeit des Geistes, der Armut der Bildung, bei aller Weite der möglichen Blicke doch eingesperrt in die Enge der Kleinheit. Aber ich stamme von den Göttern. Und ich fand doch zurück. Gleich welcher Gestalt. Vögel sind ausgesetzte Wesen, ausgesetzt auf der Erde, wo ihr Reich doch der Himmel ist. (*stutzt, ein Leuchten geht über sein Gesicht, eher nebenbei ein Gedicht*) Angesichts von Christe
Regt bei Goethe sich sein Iste,
Angesichts vom Himmel
Denk ich an meinen ...
(*bricht irritiert ab. wieder sehr ernsthaft schauend*) Dem Helden ist kein Genuss vergönnt. Aber das Leid.

Ein Wiener kommt vorbei.

ECKERMANN   Gestatten, Eckermann.
WIENER   (*schaut irritiert*) A geh.
ECKERMANN   Verzeihen Sie, Hochwohlgeboren, ich suche hier in der Stadt einen Herrn La Roche. Ist es Ihnen gefällig diesen Herren zumindest des Namens zu kennen?

WIENER   (*bemüht hochdeutsch sprechend aber mit deutlichem Wiener Unterton, nur einmal ins Wienerische abrutschend*) Einen Herrn La Roche?

ECKERMANN   Einen Herrn La Roche!

WIENER   Den La Roche?

ECKERMANN   Ich kenne nur einen La Roche.

WIENER   Ich kenne nur den La Roche, wenn's gefällig ist.

ECKERMANN   Könnte es möglich sein, dass wir denselben kennen?

WIENER   Das wird schon möglich sein, wenn's gestatten.

ECKERMANN   So könnten Sie mir wohl sagen, welchen Berufs derjenige ist, den Sie gefälligst zu kennen so freundlich sind?

WIENER   I kenn' den Schauspieler La Roche.

ECKERMANN   (*eifrig*) Ja, ja, den mein ich, den kenne ich auch!

WIENER   Der tut am Hofburgtheater spuin.

ECKERMANN   Wie, er tut spül'n? Der Schauspieler?

WIENER   Naa, er tut spuin.

ECKERMANN   Ach so, er tut spielen.

WIENER   Sag ich doch.

ECKERMANN   Und kennten Sie auch gefälligst eine Auguste La Roche?

WIENER   Könnte es sein, dass diese besagten Schauspieler La Roche angetraute Ehegattin wäre?

ECKERMANN   (*eifrig*) Ja, gewiss doch.

WIENER   Naa, die kenn i net. Sollte ich sie kennen?

ECKERMANN   Die Frage könnte ich nicht mit Bestimmtheit beantworten.

WIENER   Vielleicht aber doch mit Unbestimmtheit, wenn S' so freundlich sein wollen.

ECKERMANN   (*schaut etwas irritiert und stutzt, als ob er nun zum Wesentlichen kommen wolle*) Das tut

nichts zur Sache! (*Pause*) Nun also, wo könnte ich
diesen Herrn La Roche finden?

WIENER   Den Schauspieler?

ECKERMANN   Ja den! Sie kennen doch keinen anderen!

WIENER   Das sagte ich bereits!

ECKERMANN   Wo könnte ich ihn wohl finden?

WIENER   Nona, da sollten Sie wohl im Theater fragen.

ECKERMANN   Ach. Und in welchem?

WIENER   Ich würde Ihnen, so es Ihnen gefällig ist, das
Hofburgtheater empfehlen!

ECKERMANN   Ach. Ja.

WIENER   Oder das dem Hofburgtheater gegenüberlie-
gende Kaffeehaus, wenn Sie so freundlich wären.

ECKERMANN   Ach ja.

*Wiener geht weiter, Eckermann steht verloren da,
findet aber seine Würde wieder.*

ECKERMANN   (*vor sich hinmurmelnd*) I bin a Held!
(*stutzt*) Ich bin ein Held! (*murmelnd*) Ich bin ein
Held! (*in die Rezitation eines Eckermann-Gedicht
übergehend*)
Ein braver Mann aus deutschem Blut
Hält sich zum Kriechen viel zu gut.
Wo bist du her, du schleichender Wicht?
Fürwahr ein Deutscher bist du nicht.
Oder ich zähle dich zu den Füchsen,
Zu den Wolfen oder Lüchsen.
Alles Gute und Grade
Wandelt auf offenem Pfade,
Aber die bösen dagegen
Im Hinterhalt sich legen.
(*Pause*) Gewiss, ich wäre ein großer Mann, wäre
ich nur ein Mann.

8 Auf den Straßen Wiens, ein Alptraum

Ein mephistophelischer Spitzel schleicht sich von halbrechts an. Bleibt auf halbem Wege stehen.

MEPHISTO   (*zu sich*) Der sollte glücklich werden? Gerade der? Ein Schlafwandler?

Der mephistophelische Spitzel nähert sich Eckermann. Eckermann erkennt ihn nicht als solchen.

MEPHISTO   Sie da!
ECKERMANN   Ja?
MEPHISTO   Sind Sie glücklich?
ECKERMANN   (*nicht wirklich überrascht*) Nicht, dass ich wüsste.
MEPHISTO   Schade. Und sind Sie wach?
ECKERMANN   Ich glaube schon
MEPHISTO   Sie, ich komme von einer bestimmten Person. Nur der Name musste mir entfallen.
ECKERMANN   Musste?
MEPHISTO   Ja.
ECKERMANN   Ein Herr?
MEPHISTO   Ein Herr?
ECKERMANN   Vielleicht ein Herr La Roche?
MEPHISTO   La Roche? Interessant. Ein Freund?
ECKERMANN   Ich war ein Freund
MEPHISTO   Interessant. Wollen Sie ihn besuchen?
ECKERMANN   Ich denke Sie kommen von ihm?
MEPHISTO   Wie kommen Sie darauf?
ECKERMANN   Sie haben das gesagt!
MEPHISTO   Ich sagte nur, dass ich von einer Person komme, deren Namen mir entfallen musste. Von Herrn La Roche sprachen Sie! Interessant!
ECKERMANN   (*ratlos*)

MEPHISTO   Sind Sie Ausländer?

ECKERMANN   (*erregt*) Ich komme aus Thüringen!

MEPHISTO   (*beschwichtigend*) Aus Thüringen. Sehr interessant. Aus Jena?

ECKERMANN   Aus Weimar!

MEPHISTO   Und Sie wollen einen Herrn besuchen, den Sie aus Jenaer Zeit kennen?

ECKERMANN   Wie kommen Sie darauf, dass ich einen Herrn besuchen will?

MEPHISTO   Sie wollen also eine Dame besuchen. Sehr interessant. Es könnte ja sein, dass ich auch von einer Dame komme!

ECKERMANN   (*hoffend*) Von Auguste?

MEPHISTO   Auguste klingt interessant!

ECKERMANN   Auguste La Roche?

MEPHISTO   Schon wieder La Roche. Interessant.

ECKERMANN   La Roche, La Roche. Das sind Mann und Frau!

MEPHISTO   Verheiratet? Was wollen Sie dann von der Frau La Roche?

ECKERMANN   Sie ist eine alte Freundin!

MEPHISTO   Freundin? Aus Jena?

ECKERMANN   Aus Weimar!

MEPHISTO   Weimar? Ist doch nicht weit von Jena? Was wollen Sie von der Frau La Roche?

ECKERMANN   Was geht Sie das an?

MEPHISTO   Die Frage ist interessant wie sie auch sehr verdächtig ist. Ich sollte kein Recht haben das zu fragen? Was Sie von der Frau La Roche wollen? Sie kommen direkt aus Jena ...

ECKERMANN   Weimar!

MEPHISTO   Weimar, Jena ist ja eh wurscht, eine lange Reise, nur um einen Herrn La Roche zu besuchen, den Sie gar nicht besuchen wollen, angeblich, sondern seine Frau, die Frau von einem ehemaligen

Freund, eine Freundin gar. Wo kommen wir dahin?
Sehr verdächtig.

ECKERMANN Wieso verdächtig?

MEPHISTO Alles ist verdächtig für die Person, des Namens, Sie wissen ja schon. Sie sind gerade auf dem Weg zu Herrn La Roche?

ECKERMANN Vielleicht.

MEPHISTO Jetzt wissen S' nicht einmal mehr das. Aber aus Jena wollen S' kommen.

ECKERMANN Aus Weimar!

MEPHISTO Sie gehen mir auf die Nerven mit Ihrem Weimar, oder war's Jena, von daher wollen S' jedenfalls kommen, von weit her und wollen den Herrn La Roche sprechen oder vielleicht auch nicht?

ECKERMANN Ich denke schon.

MEPHISTO Was, Sie denken?

ECKERMANN Schon!

MEPHISTO Es gibt hier Personen, die mögen keine Inländer, die wo's denken. Schon gar nicht mögen sie Ausländer, die wo's im Inland denken. Wenn überhaupt sollen S' im Ausland denken, und zwar im ausländischsten Ausland wo's gibt. Amerika zum Beispiel.

ECKERMANN Was will ich in Amerika?

MEPHISTO Was wollen S' in Wien? Passen S' auf! I sag's ihnen. Passen S' auf. Die Person, von der ich komme und deren Namen mir entfallen musste, achtet auf Sie. Auf alles. Und Sie passen auf den Herrn La Roche auf und auf die Frau La Roche und auch auf den Herrn, mit dem Sie im Beisl sprachen und überhaupt alle die anderen Wiener, die Sie kennen und kennen lernen werden und kennen gelernt haben werden! (*Pause*) Passen S' überhaupt auf. Besonders, wenn Sie um eine Ecke gehen, und es gibt viele Ecken in Wien. Schöne Ecken und weniger schöne Ecken. Bei den weniger schönen Ecken müssen Sie besonders aufpassen. Passen S' auf, Ich sag's Ihnen.

ECKERMANN   Und wenn ich nicht aufpasse?

MEPHISTO   Dann passen S' halt auf, dass sie aufpassen. Es geht um ihr Glück!

Mephistophelischer Spitzel schleicht sich nach halblinks weg, unterbricht den Abgang, weil ihm etwas einfällt.

ECKERMANN   Ich möchte gerne wissen, wer nun dieser Herr ist, von dem der Herr sprach, oder war es eine Dame?

Mephistophelischer Spitzel schleicht sich zurück, überrascht Eckermann von hinten, zieht ihn am Arm hinter die Bühne, dabei deutlich hörbar fragend.

MEPHISTO   Noch eine Frage, fast hätte ich ja das Eigentliche vergessen, es geht ja um Ihr Glück, sie machen einen ganz narrert mit Ihren Antworten. Ihr Glück! Die Person, von der ich komme, die auf sie achtet, würde allzu gerne erfahren, welchen Wunsch sie noch hätten, um glücklich zu werden, denn an nichts anderem ist dieser Person mehr gelegen als daran, so sagen S' mir, haben S' noch einen Wunsch auf dem Herzen, im Ausland?

ECKERMANN   (*im Abgehen*) Im Ausland? ...

9   Eckermann bei sich und sich erinnernd

Eckermann auf seinem Stuhle sitzend, in seiner Weimarer Wohnung, offensichtlich kränkelnd, von vielen Vögeln umgeben. Er liest in seinem Tagebuch. In einer tagträumenden Erinnerung schreiten Eckermann und Auguste nebeneinander her. Danach liest er noch einmal seinen Tagebucheintrag.

ECKERMANN   Auguste, das Band Ihres einen Schuhes ist offen.

AUGUSTE   Oh! Ich sollte Ihn binden.

ECKERMANN   Ja, das denke ich auch. Dort drüben ist das Theater. Ich schlage ...

AUGUSTE   Oh!?

ECKERMANN   ... Ihnen vor hineinzutreten und ihn wieder fest zu binden.

Auguste und Eckermann gehen zum Theater

ECKERMANN   Ich werde vor der Türe auf Sie warten, während Sie den einen Schuh, dessen Band lose ist, auf dem hinter der Tür befindlichen Treppenabsatz festbinden.

AUGUSTE   Das will ich wohl tun.

Auguste geht hinein, er wartet vor der Tür. Sie kommt wieder heraus .Sie gehen gemeinsam weiter. Sie bleiben vor einem nicht weit entfernten Haus stehen. Sie schauen sich tief in die Augen und geben sich die Hände.

ECKERMANN   Leben Sie wohl, liebe Auguste.

AUGUSTE   Leben Sie wohl, lieber Eckermann.

ECKERMANN   (*auf einem Stuhle sitzend, sein Tagebuch
    lesend*) Indem wir gingen löste sich das Band ihres
    Schuhes, und da wir in der Nähe des Theaters wa-
    ren, so schlug ich vor hineinzutreten und ihn wieder
    fest zu binden. Dieses tat sie, indem sie den Fuß auf
    die Treppe setzte und ich vor der Türe stand um sie
    wieder zu erwarten. Sie begleitete mich dann hinter
    das Theater weg bis vor Coudrays Haus ......
    (*sinnierend*) Es war doch der linke Schuh, der offen
    war. Wenn das Schuhband am linken Schuh auf-
    geht, heißt das Untreue. Bei uns zuhause sagte man,
    wenn das Schuhband aufgeht, denkt jemand an ei-
    nen. Ich habe an sie gedacht. Immer.
    (*wieder im Tagebuch lesend*) Ich denke an Auguste
    und fühle, dass das schönste Glück im Menschen
    nicht Stich hält und dass er, wie mit Essen und
    Trinken, so auch immer wieder mit glücklichen
    Eindrücken aufgefrischt sein wolle.
    (*wieder sinnierend*) Ich hätte ihr den Schuh binden
    mögen. Der Schuh. Wie der Fuß in den Schuh glei-
    tet, hinein, hinaus, ... (*stutzt*) Hinein. (*macht unbe-
    wusst die entsprechenden Bewegungen mit dem
    Finger*) Festgeschnürt der Schuh.
    (*liest nochmals still den Text seines Tagebuchein-
    trages, dann sinnierend*) Geheimnis. Wir ganz ge-
    heim. Der Schuh und ich. Hinter der Tür. Geheim-
    nis. Sie und ich. Hinein. Hinaus.
    (*Eckermann wiederlaut im Tagebuch lesend*) Ich
    wollte nur ich hätte erst Hanchen geheiratet, damit
    ich vielleicht dann wieder mit Auguste in eine Art
    von näherem Verkehr käme. (*stutzend*) Verkehr?
    Alles vorbei. Alles lange vorbei. (*schläft ein*)

10 Lustvoller Alptraum

Eckermann steht vor einem Haus vor einer Tür.

ECKERMANN   Da kommen Auguste und Hanchen!

Er versteckt sich im Schatten der Türe, zwei Frauen kommen die Treppe herunter, Auguste und Hanchen, plaudernd.

AUGUSTE   Nein, so etwas, der Kotzebue in Hannover hat Ihnen wirklich gefallen?
HANCHEN   Der Kotzebue war trefflich.
AUGUSTE   Ja, Kotzebue, erst kürzlich habe ich mit ihm diniert ...
HANCHEN   ... noch trefflicher aber erschien mir der Hauptdarsteller, ein gewisser La Roche.
AUGUSTE   Oh ja, ich kenne ihn gut, vortrefflich spielt er den Mephistopheles.

Die beiden gehen an Eckermann vorbei, Auguste sieht ihn in seinem Versteck, Eckermann bedeutet ihr, ihn nicht zu verraten, Auguste nickt ihm verständnisvoll zu.

AUGUSTE   So wollen wir denn sehen, was das Weimarer Theater uns heute Abend zu bieten hat.

11 Auf den Straßen Wiens ein Alptraum

Ein Devotionalienhändler. Eckermann.

DEVOTIONALIENHÄNDLER   Kaufen Sie, kaufen Sie.
Lauter Erinnerungstücke an Goethe zur Erinnerung
anlässlich des zehnten Todestag des großen Meisters

ECKERMANN   (*schaut interessiert*)

DEVOTIONALIENHÄNDLER   Letzte Locken des großen
Meisters, hier eine Serviette des großen Meisters,
hier der hölzerne Löffel, mit dem Goethe immer aß.
hier die Tasse, aus der Goethe immer seinen Gink-
gotee zu trinken pflegte ...

ECKERMANN   Was sind denn das hier für Glaskugeln?

DEVOTIONALIENHÄNDLER   Das san Prunkstücke.
(*nimmt eine kristallklare Glaskugel in die Hand*)
Hier das klare Glas, hier wurde eingefangen der
Blick Goethes als er zum ersten Mal in die klaren
blauen Augen von Schiller schaute!

ECKERMANN   Und diese etwas trübe Glaskugel?

DEVOTIONALIENHÄNDLER   (*nimmt eine sehr trübe
Glaskugel in die Hand und schaut hinein*) Dies ist
der Blick Goethes als er zum ersten Mal ein Gedicht
Eckermanns las.

*Devotionalienhändler lacht und geht, seine Waren
laut anpreisend, weiter.*

12 Eckermann übt einen Tanz, eher eine Art Alp-
traum

*Eckermann in seinem Zimmer, übt auf die Wort ei-
nes seiner Gedichte einen Tanz.*

ECKERMANN   Seit ich liebe
Muss ich leiden.

Eh' ich liebte
Hatt' ich tausend Freuden,
Hatte Ruh'!
Schabdabaduh
Oh du mein altes Glück,
Komm, ach komm zurück.
Schabadabadück
Und doch lass ich
Alle Freuden,
Mag am süßen
Leid mich lieber weiden.
Immer zu.
Schabadabaduh
Was sollte all' das Glück,
All' die Ruh'!
Schabadabaduh

13 Kaffeehaus, Tagtraum mit antizipierenden Anteilen

Ein Kaffeehaus am Ring, den es noch gar nicht gab, gegenüber dem Hofburgtheater. Eckermann, La Roche, Gäste, ein livrierter Kellner.
Eckermann kommt herein, geht zu einem Tisch, an dem ein durchaus blader Herr sitzt, der Schauspieler Carl La Roche, der eine Zigarre raucht. Eckermann begrüßt den Herren, mehrmals, bis dieser endlich reagiert. Als La Roche Eckermann sieht, braucht er einen kurzen Moment zu erkennen, wer vor ihm steht, dann steht er auf und begrüßt Eckermann viel zu jovial.

.

LA ROCHE   Ja, mein lieber Eckermann, das ist aber eine Freude Sie hier zu sehen, in Wien. Kommen Sie, setzen Sie sich zu mir. (*kurze Pause*)

ECKERMANN   (*setzt sich vorsichtig auf einen etwas entfernteren Stuhl am Tisch von La Roche*)

LA ROCHE   Erst vor wenigen Tage habe ich das wunderhübsche Gedicht gelesen, das Sie mir in Ihrem Gedichtband zueigneten.

La Roche zitiert narzisstisch sinnend, immer wieder fehlen ihm einzelne Worte, Eckermann im Grunde steif, eher genervt und gepeinigt, greift immer wieder helfend in die Rezitation ein, wenn La Roche nicht mehr weiter weiß.

LA ROCHE Ein wahrer Proteus! Ewig dich verwandelnd,
und stets im strengsten Sinn der Rolle handelnd,
Uns zeigend eine Welt von Charakteren,
Die alle dir im Tiefsten angehören.
Von tiefster Sohle bis zum höchsten Haar,
Bist du verrucht, bist edel ganz und gar.
Und nie zuviel! – Je mehr man dich gesehen,
Je mehr Verdienst wird man dir zugesteh'n.
(*kleine, selbstbewundernde Pause, Beifall anderer Kaffeehausgäste, den Beifall still genießend, dann fast seufzend*) Hübsch, sehr, sehr hübsch und sehr treffend! (*sich recht plötzlich an Eckermann wendend*) Wollen Sie einen Kaffee? (*winkt dem Kellner*)

KELLNER (*eilt herbei*)

ECKERMANN   Nein danke, ich verabscheue Kaffee.

LA ROCHE   (*gibt dem Kellner ein Zeichen, dass er gehen kann*)

KELLNER (*eilt von dannen*)

LA ROCHE   Ach. Wie der alte Goethe.

ECKERMANN   (*schaut pikiert*)

LA ROCHE   Was kann ich Ihnen denn dann bringen lassen. Vielleicht einen Rotwein? Oder einen Weißwein. Aus dem Wiener Wald, aus Grinzing oder aus Sievering ... (*winkt dem Kellner*)

KELLNER   (*eilt herbei*)

ECKERMANN   Nein, mir will der Wein nicht mehr bekommen.

LA ROCHE   Ach. Wie wär's mit dem echten Wiener Wasser? (*bedeutet dem Kellner, dass dieser ein Glas Wasser bringen soll*)

KELLNER   (*eilt pikiert von dannen*)

ECKERMANN   (*schaut La Roche ratlos an*) Wie geht es Auguste?

LA ROCHE   Auguste? Ach, meine Frau Auguste! Nun ja. Es geht ihr gut. (*etwas beschwichtigend*) Es geht ihr gut.

ECKERMANN   Es geht ihr gut?

LA ROCHE   Es geht ihr gut!

ECKERMANN   Was meinen Sie damit?

LA ROCHE   Nun ja. Es geht ihr gut. Aber natürlich, (*kleine Pause*) es ist nicht alles immer einfach für sie. Vor Jahren sind uns zwei Kinder noch ganz klein gestorben. Mein Vaterherz wäre daran beinahe zerbrochen. (*Seufzer*) Aber unser erstgeborener Sohn lebt noch und gedeiht, acht Jahre ist er inzwischen. Und er sieht mir so ähnlich. Manchmal, wenn er mit Kraft und Würde redet, meine ich mich selbst zu hören, wie er wichtige Dinge meint und sie wichtig betont ...

ECKERMANN   (*sinnend*) Acht Jahre! So alt wie mein Karl!

LA ROCHE   Karl? Ich dachte Ihr Sohn hieße Johann Wolfgang?

ECKERMANN   Das ist nur der Taufname. Ich nenne ihn Karl!

LA ROCHE   Ach.

(*Pause*)

KELLNER   (*herbeieilend, stellt Eckermann ein Glas Leitungswasser auf den Tisch, eilt wieder von dannen*)

ECKERMANN   (*beachtet das Glas Wasser nicht*) Und Auguste?

LA ROCHE   Auguste? Ach, Auguste! Es geht ihr gut. Sie umsorgt mich, führt den Haushalt, ist meine Stütze in allem. Sie ist, wie es mein Freund Mautner so trefflich zu formulieren beliebte, bemüht, jede Falte von der Stirne ihres geliebten Mannes, (*zum Publikum gewandt*) das bin ich, (*sich wieder Eckermann zuwendend*) hinwegzustreicheln, ...

ECKERMANN   (*wird zunehmend ungeduldig*)

LA ROCHE   ... jedes Rosenblatt seines Kissens zu glätten, eine vollkommene Hausfrau, deren heitere Gelegenheitsverse den Freunden ihres Hauses ebenso unvergesslich sind als ihre klassischen Bratensaucen.

ECKERMANN   (*empört*) Bratensaucen? – Klassisch? Und ihr Theaterspiel. Wo spielt sie? Was spielt sie?

LA ROCHE   Ach sehen Sie, mein lieber Eckermann, ihr Talent war nicht groß genug für die Wiener Bühnen. Sie war und ist meiner Tochter aus der ersten Ehe eine gute Schwester und Freundin. Amalie übrigens. Sie ist beim Theater. Sogar an der Hofoper. Da könnte etwas werden, etwas entstehen! Und wie ähnlich sie mir ist, in ihrem Gang, ihrem Wesen, ihrem Antlitz gar!

ECKERMANN   Auguste?

LA ROCHE   Wieso Auguste? (*stutzt*) Nein, Amalie, meine Tochter!

ECKERMANN   Und Auguste? Sie, gar nicht mehr am
    Theater?
LA ROCHE   Auguste? Nein, schon lange nicht mehr. Es
    war nicht einfach für sie, ihr Engagement zu halten,
    dann die Kinder. Sie ist zuhause. Aber sie schreibt
    an einer Novelle.
ECKERMANN   Eine Novelle?
LA ROCHE   Frau Johanna soll sie heißen.
ECKERMANN   Johanna? (*schaut betroffen*) Warum aus-
    gerechnet Johanna? Warum nicht Carla oder Friede-
    rike oder Wilhelmine oder Charlotte? Warum Jo-
    hanna?
LA ROCHE   Mein lieber Eckermann, was ist Ihnen? Nur
    ein Name! Nicht mehr! Wohl kennt sie eine Dame
    solchen Namens und wählte sie als Vorbild.
ECKERMANN   Ich heiße Johanna – ich meine Johann.
LA ROCHE   (*verunsichert, dann beginnt er laut zu la-
    chen, auch andere Kaffeehausgäste lachen*) Aber
    mein lieber Eckermann, was soll das?
ECKERMANN   (*steht auf und verlässt das Lokal*)
LA ROCHE   (*eher amüsiert denn böse, Eckermann
    nachrufend*) Aber auch Goethe hieß doch Johann!

14 Lustvoller Alptraum

*Szene gleich der ersten Szene „Lustvoller Alp-
traum“, Eckermann steht vor einem Haus vor einer
Tür.*

ECKERMANN   Da kommen Auguste und Hanchen!

*Er versteckt sich im Schatten der Türe. Zwei Frauen
kommen die Treppe herunter, Auguste und Hanchen, plaudernd.*

AUGUSTE   Ich lese fleißig und studiere Lessings Dra-
maturgie. Eckermann gab mir das Werk.
HANCHEN   Das ist aber schön. Unlängst las ich Goe-
thens Schriften über das Theater. Johann empfahl
mir diese Schrift.
AUGUSTE   Oh ja, und ich las den Tartuffe im Original.
Sehr erhebend.
HANCHEN   Sie können französisch?
AUGUSTE   Oh ja, ich hatte einen guten Lehrer, Ecker-
mann lehrte mir die französische Sprache.

*Die beiden gehen an Eckermann vorbei. Auguste
sieht ihn in seinem Versteck. Eckermann bedeutet
ihr, ihn nicht zu verraten. Auguste nickt ihm verständnisvoll zu.*

AUGUSTE   Lassen Sie uns ins Theater gehen. Dort findet eine Aufführung des Grafen Eduard statt, des
Dramas von unserem Eckermann.

15 In der Wohnung von La Roche

Auguste, zunächst allein, später La Roche

AUGUSTE   (*ein Gedicht Eckermanns aus einem seiner
Gedichtbände lesend*) Für Auguste! (*Pause*)
Fünf Jahre sind's als ich zuerst dich sah;
Wie jung! Noch kaum entwickelt warst du da;
Unscheinbar fast, doch meinem Geiste klar.

Welch höh'rer Schatz in dir verborgen war.
Bald aber, herrlich leuchtend, trat hervor
Dein reich Talent, entzückend Aug' und Ohr.
Dein lieblich Dasein, deiner Seele Glanz,
Dein Blick, dein Lächeln, dein anmut'ger Tanz,
Wie deiner Rede tiefgefühlter Sinn
Riss alle Hörer, alle Herzen hin,
Und ich empfand die Wonne die es gibt:
Geliebt zu sehn, was längst man selber liebt.
Stets liebt' ich dich, wie konnt' es anders sein!
Doch liebt' ich dich wie eines Sternes Schein,
Zu dem mit Freuden man die Blicke kehrt,
Doch zu besitzen thörig nicht begehrt.
Wie wäre auch mein Leben öd' und leer,
Wenn nicht dein Bild in meinem Herzen wär'!
Doch bin ich klar wie's um mein Schicksal steht:
Ich fand dich zwar, allein – für mich zu spät.

LA ROCHE   (*herein schreitend*) Was liest du da?

AUGUSTE   Jenes Gedicht, das Eckermann im Geheimen mir widmete, als Abschied für unsere Beziehung.

LA ROCHE   Ach, Eckermanns Marienbader Elegie! (*lacht*) Sagte nicht Hegel, dass alle großen weltgeschichtlichen Tatsachen sozusagen zweimal sich ereigneten, das eine Mal als Tragödie, das andere Mal aber als Farce! Oder ist es Marx? (*lacht*)

AUGUSTE   Du solltest dich nicht lustig machen über den armen Eckermann!

LA ROCHE   (*lächelt*)

AUGUSTE   Ich hätte ja schließlich auch Frau Eckermann werden können!

LA ROCHE   (*lachend*) Wirklich?

AUGUSTE   Es ging ja nicht wegen Hanchen. Ihr hat er seine Liebe zu mir geopfert!

LA ROCHE   (*lachend*) Hanchen, nach vierzehn Jahren Verlobung hat er sie nicht sitzen lassen!

AUGUSTE   Was machst du dich lustig über eine solche ehrenwerte Handlung?

LA ROCHE   Ehrenwert vielleicht, aber war es eine Handlung?

AUGUSTE   Was meinst du damit?

LA ROCHE   War Eckermann denn je zu einer Handlung fähig. Dieser Eckermann, ewig unentschlossen, kein Wille, kein Tun. Er handelte nicht, es wurde mit ihm gehandelt.

AUGUSTE   Hätte er sie sitzen lassen sollen, nach zwölf Jahren Verlobung?

LA ROCHE   Er hätte tätig sein sollen. Ein Träumer. Er träumte von Talenten, die er nicht hatte. Größenwahn und dabei doch durch und durch nur Mittelmäßigkeit.

AUGUSTE   Goethe hinderte ihn daran sich zu entwickeln.

LA ROCHE   Ach was!

AUGUSTE   (*schweigt*)

LA ROCHE   Hättest du ihn denn geheiratet?

AUGUSTE   Hast du je an mein Talent geglaubt?

LA ROCHE   An dein Talent als Frau!

16 Alptraum Eckermanns

Eckermann, Goethe

ECKERMANN   Das Beste in einem Verse ist nicht der Fuß.

GOETHE   Ach. Dachte ich doch, dass es heißen müsste, das Beste in einem Fuß ist nicht die Ferse!

ECKERMANN   Sondern ...

GOETHE   Ach.

ECKERMANN   ... der Gedanke!

GOETHE   Wo kämen wir dahin, wenn wir den Fuß über den Gedanken stellten!

ECKERMANN   Eben!

GOETHE   Dass dieser klar, leicht und unverletzter Natur in uns überfließe, ist vorzüglicher, als dass ein Fuß gerettet würde.

ECKERMANN   Sie nehmen mir die Worte aus den Zehen.

17 Erinnerung Eckermanns

Eckermann zunächst auf seinem Stuhle sitzend, in seiner Weimarer Wohnung in seinem Tagebuch lesend. Er lässt sich von dem Gelesenen mitreißen und stellt es selbst schauspielerisch dar, dabei immer auch wieder das Gelesene kommentierend.
(Die durch den kommentierenden und darstellenden Eckermann angedeuteten Vorgänge, können auch durch eine Spielhandlung auf einer Nebenbühne, vielleicht auch mit Hilfe von Puppen, dargestellt und dadurch ersetzt werden.)

ECKERMANN   (*lesend*) Ich suche Auguste. Ich möchte ihr begegnen. Ich irre durch die Straßen der Stadt. Ich suche ihre Haus auf.
(*steht auf, kommentierend und gleichzeitig darstellend*) Ich komme vor ein Haus, will hinauf gehen, öffne die Haustüre, höre lachende Stimmen, schließe die Tür wieder. (*wieder lesend*) Ich bemerkte, dass sie nicht allein war. Erneut irrte ich durch die Straßen. Wenn ich ihr begegnen sollte, so sollte ich ihr doch begegnen.

44

(*wieder kommentierend und gleichzeitig darstellend*) Ich drehe mich nach vielen Frauen um, nie scheint es die richtige zu sein. Dann sehe ich eine, gehe ihr nach, überhole sie bleibe vor ihr stehen. (*wieder lesend*) Auguste. Endlich.
(*wieder kommentierend und gleichzeitig darstellend*) Sie greifen sich an den Händen (*wieder lesend*) Nun, meine Hoffnung hat mich nicht betrogen. Mit dem größten Verlangen habe ich sie gesucht, mein Gefühl sagte mir, dass ich Sie sicher finden werde, und nun bin ich glücklich und danke Gott, dass es wahr geworden. (*lesend, aber insofern darstellend als er die Stimme Augustes nachmacht*) „Aber Sie böser, warum sind Sie nicht gekommen. Ich erfuhr heute zufällig, dass Sie schon seit drei Tagen zurück, und habe den ganzen Nachmittag geweint, weil ich dachte, Sie hätten mich vergessen. Dann vor einer Stunde ergriff mich ein Verlangen und eine Unruhe nach Ihnen, ich kann es nicht sagen. Ich ergriff endlich unwillkürlich meinen Hut und Mäntelchen, es trieb mich, in die Luft zu gehen, in die Dunkelheit hinaus, ich wusste nicht wohin. Dabei lagen Sie mit immer im Sinn, und es war mir nicht anders, als müssten Sie mir begegnen.“
(*wieder kommentierend und darstellend*) Auguste zieht mich hinter sich her, zieht mich ins Haus, die Treppe hinauf, wir verschwinden hinter der Wohnungstür. (*Pause, dann Eckermann zum Publikum gewandt mit belehrendem Unterton*) Das will mir wahrhaftig als ein artiges Beispiel erscheinen, dass unter Liebenden eine magnetische Kraft besonders stark wirke, sogar in die Ferne!

18 Im Goethe-Verein

Vortrag in den Räumen des Wiener Goethe-Vereinst, anwesend Eckermann, ein Goethe gleicher Vorsitzender und einige Zuhörer, keinesfalls zu viele.

VORSITZENDER   Ich begrüße als unseren ganz besonderen Gast Herrn Dr. Johanneckermann, Jenerreckermann, der in unsere goethinensischen Annalen unter dem Ehrentitel Goethesseckermann einzugehen die Gnade und Ehre hatte. Unser verehrter Leckermann ist einer der letzten Personen, die Goethe gekannt haben, bis auf die vielen, die immer noch leben. Er hat Gedichte veröffentlicht und ein Buch, und noch eine Buch, eine Zusammenstellung von Gesprächen mit unserem großen Goethe, denen beizuwohnen unser heutiger Ehrengast die Ehre und Freude hatte. Vor allem aus diesem Buch wird Herr Dr. Johann Pettermann, ähm Peterreckermann, heute zitieren. Vielleicht könnten Sie auch einige Worte darauf verwenden, wie sich ihr Verhältnis zu unserem Meister sich zu jener schönen Höhe hat erheben können!

ECKERMANN   (*mit allmählich ansteigender Begeisterung*) Der hohe Meister ... Der alles ist, dass mein liebstes Lied von ihm sang, war mir zum Beginn noch nicht bewusst. Aber dann, die glückliche Zeit, wo ich ihn kennen lernte, eine neue Welt durch ihn, überall Wahrheit, was waren dies für Tage, ganz Fülle und Schönheit, was ich so liebte, nicht mehr wurde getan und gedacht als nur Er, eine große Sehnsucht, sein Bildnis, ich konnte nicht wieder davon wegkommen, Kraft des Geistes, Klarheit, der Augen Glut, der Locken Wehen, Verlangen, geliebtes Bild, Glück, welche Mannigfaltigkeit, welche Lieder, welche Oden, unter allen Wipfeln ist Ruh, über alle ragt er hervor, zum hohen Meister erwählt ....

VORSITZENDER   Herr Dr., was ist Ihnen?

ECKERMANN   (*Pause, sich dann räuspernd*) Ich musste Verzicht leisten auf das Leben, hoffend, dass mir dereinst ein schöneres aufgegeben werde, so möchte ich auch nicht beginnen, ohne Ihnen mitzuteilen, dass auch ich, wie Goethe, voll war von neuen schriftstellerischen Vorsätzen, ich fühlte in meinen jungen Jahren in mir Trieb und Kraft mich nach allen Seiten hin zu versuchen und mir einen Namen zu machen, allein ich unterdrückte meine liebsten Wünsche, indem ich mir sagte, dass wenn ich Goethe durch die Übernahme jener Arbeiten frei mache und in den Stand setze noch viel Großes hervorzubringen, ich nicht allein die letzten Lebensjahre des großen Mannes verschönern, sondern auch der deutschen Literatur einen größeren Dienst leisten würde, als durch eigene Arbeiten. So kam ich endlich auch dazu mein Buch zu schreiben. Ich legte der Welt dar: Das ist mein Goethe. (*mit Schärfe in der Stimme*) MEIN Goethe!

Die Anwesenden spenden erst wohlwollenden, dann lauten, schließlich tosenden Beifall, Bravorufe.

ECKERMANN   (*immer noch mit Schärfe in der Stimme*) Haben Sie noch Fragen?

Betroffenes Schweigen

VORSITZENDER   Mich dünkt, es sei wohl, dass Goethes Gespräche für sich selbst sprächen. Ich darf Ihnen

darum in diesem wohlgemeinten Sinne diese beiden
Bände der Gespräche wärmstens ans Herz legen,
dabei bin ich mir schon ganz gewiss, dass alle Anwesenden diese Bücher gelesen haben. Allein,
vielleicht gibt es doch noch einige Fragen, die Herr
Dreckermann beantworten könnte!

Mittellange Pause

FRAGENDER WIENER   Verehrter Doktor Heckermann.
    Was sagte denn unser großer Goethe zu Lord
    Byron?
ECKERMANN   Verzeihung, mein Name ist Eckermann!
FRAGENDER WIENER   Geckermann?
ECKERMANN   Nein, Eckermann!
FRAGENDER WIENER   Ach so, Weckermann.
ECKERMANN   So ähnlich.
VORSITZENDER   Verehrter Goethefreund, was nun
    sagte Goethe über unseren geliebten ... (*Hüsteln
    unter den männlichen Zuhörern*) ... Lord?
ECKERMANN   Der Engländer als solcher, sagte Goethe,
    ist ohne eigentliche Reflexion. Deshalb: Byron kann
    zu seinen Sachen wie die Weiber zu schönen Kindern; sie denken nicht daran und wissen nicht wie!
    Ansonsten ist er groß.
ANDERER WIENER   Was sagte er zu Meander?
ECKERMANN   (*schlägt in seinen „Gesprächen" nach*)
    Da muss ich schauen. Ja am 12. Mai anno 1825 sagt
    er, Meander sei rein, edel und groß!
NOCH ANDERER WIENER   Und Moliere?
ECKERMANN   (*schlägt erneut in seinen „Gesprächen"
    nach*) Wieder am 12. Mai desselben Jahres: Moliere ist so groß, dass man immer von neuem erstaunt ...
ANDERER WIENER   Was ist mit Calderon?

ECKERMANN   (*schlägt erneut in seinen „Gesprächen"
nach*) Lassen Sie mich schauen, am gleichen Tag,
ja, er sagt Calderon ist unendlich groß!
FRAGENDER WIENER   Was ist mit Schiller?
ECKERMANN   Ja, ja, der Schiller. Einmal sagte Goethe
über sein Publikum, dass dieses sich seit zwanzig
Jahren streite, wer größer sei, Goethe oder Schiller.
Aber er dachte durchweg gut über Schiller, den er
bisweilen auch groß nannte.

Lange Pause.

VORSITZENDER   Kann man nach diesen großen Worten
unseres Goethes noch Fragen haben? (*zum Publikum blickend*) Nein?
ECKERMANN   Nein!
VORSITZENDER   Nein!

19 Traum im Traum von Eckermann

Goethe, Mephisto, Hanchen

GOETHE   Wir wollen sehen, was sich für Ihn machen
lässt. Ein freier Mittagstisch gegen Unterrichtung
einiger englischer Studenten, eine Hilfsstelle an der
großherzoglichen Bibliothek vielleicht, Mittag- und
Abendessen bei mir, ab und zu, sein Glück wird
sich schon machen. Äußerte er noch einen anderen
Wunsch, den er auf dem Herzen hat?
MEPHISTO   Ja, er nannte mir noch einen, wiewohl einen
unsinnigen, nämlich, er wolle wie Goethe werden.
(*empörte Pause*) Wie Sie! (*nochmals empörte
Pause*) Er selbst gab es zu, dass dies ein unsinniger

Wunsch sei, aber Ich möge bedenken, so sagte er, stellen Sie sich nur diese unsinnige Rede vor, ohne das sei er der unglücklichste Mensch auf der weiten Welt.

GOETHE   Wenn es wohl zu seinem Glücke notwendig ist, so will ich ihm diesen Wunsch erfüllen!

MEPHISTO   Aber Goethe, soll er Ihrer statt den Faust vollenden? Er ist doch nur ein Schlafwandler!

GOETHE   Aber wenn es doch zu seinem Glücke notwendig wäre?

HANCHEN   Und was ist mit mir?

GOETHE   Ach Hanchen, glauben Sie denn, dass er Sie zu seinem Glück bedürfe? Er äußerte nichts dergleichen!

HANCHEN   Er weiß es vielleicht nicht, aber man sollte danach sehen!

GOETHE   (*schiebt Hanchen zur Seite, zu Mephisto gewandt*) Gehen Sie, suchen Sie ihn auf, teilen Sie ihm meinen Beschluss mit und erforschen Sie seine Absicht!

MEPHISTO   Ich werde es tun, wenngleich auch widerstrebend.

20 Heldenplatz, ein Tagtraum mit antizipierenden Elementen

Eckermann, sein Tagebuch lesend, dabei auf dem Heldenplatz auf- und abschreitend, immer mit skeptischem Blick auf das Reiterdenkmal von Prinz Eugen, das es damals noch gar nicht gab.

ECKERMANN   Und da sie nun so großen Einfluss auf mein Schicksal hat, so denke ich mir oft, dass sie

von höheren Dämonen mir zur Prüfung gegeben ist,
um alle meine geistigen und moralischen Eigen-
schaften an ihr zu üben, und mich durch Leiden und
Enttäuschungen zu meiner wahren Bestimmung zu
führen. (*Zögern*) Ich habe die Dummheit begangen,
dass ich ihr zu oft habe merken lassen, wie sehr ich
sie liebe. Ich habe mich dadurch in Nachteil gesetzt
und ihr die Superiorität eingeräumt, aber ich kann
nicht anders. Die ganze Welt geniert mich nicht, so
wie denn die Nähe dieses wunderbaren Mädchens
mich über alles Gegenwärtige hinaus ins Absolute
versetzt. (*Zögern*) Wenn sie liebevoll und gescheit
mit mir redet, fühle ich mich sehr groß und glaube
eine Art von königlicher Macht zu haben. (*Pause*)
Dann bin ich der Held, der ich bin.
Der ich sein werde.
Der ich sein würde.
Der ich wäre.
Der ich gewesen sein würde.
Der ich gewesen sein wäre?
Der sein ich gewesen wäre?
Wäre sein ich der gewesen!
Wäre sein der ich gewesen.
Ach. Auguste.

21 Goethegespräch als Alptraum

Erinnerung an eine Gespräch mit Goethe..

GOETHE   (*von oben*) Man trifft Winckelmann mitunter
   in einem gewissen Tasten.
ECKERMANN   Wo?
GOETHE   In einem gewissen Tasten!

ECKERMANN   Welches Tasten, das gewisse Tasten, wo
befindet sich das denn?
GOETHE   In ihm!
ECKERMANN   In wo?
GOETHE   IHM!
ECKERMANN   Wo ist ihm?
GOETHE   Winckelmann!
ECKERMANN   Winckelmann?
GOETHE   Ja! Winckelmann! Man lernt nicht, wenn man
ihn liest, aber man wird etwas!
ECKERMANN   Was?
GOETHE   Winckelmann!
ECKERMANN   (*stutzt*)
GOETHE   Nie ist man ...
ECKERMANN   (*zu sich*) Winkel? Mann?
GOETHE   ... weiter geschritten.
ECKERMANN   Wohin?
GOETHE   Auf den Gipfel!

22 Auf den Straßen Wiens

*Eckermann im Gespräch mit einem etwas ver-
wahrlosten Wiener, der mit einer Flasche in der
Hand, zwischendurch immer wieder rülpsend.*

ETWAS VERWAHRLOSTER WIENER   Ach ja, der Goethe
ECKERMANN   Ja der Goethe. Er brauchte mich.
ETWAS VERWAHRLOSTER WIENER   (*rülpst*)
ECKERMANN   Eines Tages ging ich zu ihm, um ihm
mitzuteilen, ich hätte ein Angebot bekommen, unter
sehr vorteilhaften Bedingungen monatliche Berichte
über die neuesten Erzeugnisse deutscher Literatur
einzusenden. Auch teilte ich mit, dass ich sehr ge-

neigt wäre, das Angebot anzunehmen und dass ich
mich aber vorher mit ihm besprechen wolle.

ETWAS VERWAHRLOSTER WIENER   A geh. Wirklich?
Warum?

ECKERMANN   Aber nein oder doch. Ich hatte es ja nur
geträumt. Aber ich wollte ihn auf die Probe stellen,
ihn prüfen, ob ich wirklich sein Eckermann war. Ob
er mich brauchte, ob er mich liebte.

ETWAS VERWAHRLOSTER WIENER   (*rülpst*)

ECKERMANN   Ach was war ich glücklich über Goethes
Reaktion. Wie der Zerberus persönlich fiel er über
mich her mit wilden und teuflischen Grimassen,
empörte sich über meine Untreue und riet mir mit
aller Kraft seiner Worte, doch meinen mir bestimmten Weg unbeirrt fortzusetzen. Ich habe dann
auch gleich ein kleines Gedicht über seine Worte
geschrieben. Wollen Sie es hören?

ETWAS VERWAHRLOSTER WIENER   Was?

ECKERMANN   Henne das Land gehütet!
Enten zu Wasser
Was ihm nicht seine Neigung gebietet
Das lass er.

ETWAS VERWAHRLOSTER WIENER   (*rülpst*)

ECKERMANN   Jawohl, ich freute mich. Ich hatte
Goethen zum Reden gebracht. Er hatte seine Prüfung bestanden. Er brauchte mich! Er liebte mich!

ETWAS VERWAHRLOSTER WIENER   Ach ja, der Goethe.

ECKERMANN   Er liebte mich bis zu einem Tode.

ETWAS VERWAHRLOSTER WIENER   Und dann?

ECKERMANN   (*zunächst etwas irritiert*) Vorbei. Nichts.
Meine besten Jahre waren vorbei und ich war über
Goethen nicht hinausgekommen. Goethes Ecker-
mann. (*Pause, dann fast Geistes abwesend, mur-
melnd, leiernd*)
Zu Weimar, dem Musenwitwensitz

Da hört ich viel Klagen erheben.
Man weinte und jammerte Goethe sei tot
Und Eckermann sei noch am Leben.
(*sackt zusammen*).
ETWAS VERWAHRLOSTER WIENER   Wirklich an schönes
Gedicht. Ist des von Ihnen? (*rülpst*)

23 Gedichterinnerung als Tagtraum

Eckermann und Auguste. Das Gedicht wird szenisch dargestellt, damit beginnend, dass Eckermann und Auguste sich gegenseitig einen Stoffball zuwerfen, dann setzen sie ihr Spiel fort, während sie das Gedicht rezitieren.

ECKERMANN   Ein schöner Tag ...
AUGUSTE   ... im Garten der Mühle,
ECKERMANN   ersinnst du manche Spiele.
  Das weiße Tuch, kunstvoll verschlungen,
AUGUSTE ... ist mir zum runden Ball gelungen.
ECKERMANN   Du wirfst ihn zu mir,
AUGUSTE   ... ich ihn zurück.
ECKERMANN, AUGUSTE   (*gleichzeitig*)
  Wir sind beide behände im Fangen,
  Wir genießen das reine Glück.
  Der Ball fliegt wiederholt, wie mit Verlangen.
ECKERMANN   Und immer fliegt er zu dir zurück.
AUGUSTE   Die Sonne scheint unserem Spiele mild.
ECKERMANN   Wir treiben S' heiter und ungestört.
  Der Ball ist meiner Neigung Bild,
  Die stets zu dir zurücke kehrt.

Der Ball fällt zu Boden. Beide wollen ihn aufheben, sie kommen sich ganz nahe, Auguste hält ihren Mund zum Kuss bereit, Eckermann läuft davon.

24 Traum

Eckermann. Ein Mädchen mit langen blonden Haaren, Lerxike, erscheint ihm.

ECKERMANN   Wer bist du?

LERXIKE   Ich werde Lerxike genannt, Tochter des Piëros.

ECKERMANN   Lerxike? Was für ein merkwürdiger Name?

LERXIKE   Ich bin vielleicht auch ein merkwürdiges Mädchen?

ECKERMANN   Was ist mit dir?

LERXIKE   Inmitten des begeisterten Getümmels war ich, nicht wirklich ich, nicht wegen mir war das Getümmel, doch um meinetwegen war das Getümmel. Bedrängt war ich, weil alle uns hören wollten, ich wurde aufgesogen, ich fühlte, dass man mich ergriffen hat und ich nicht wieder würde fliehen können. Es war wie ein Rausch, herumgereicht in der Welt, von einem Ort zum anderen. Es war ein Rausch. Dann Stille. Aus. Ruhe. Ich wusste nicht wie, obwohl ich es doch war, die floh, obwohl ich nicht von der Stelle gekommen war. Meine Stimme blieb im Nebel hängen. Ich musste schweigen. Zehn Jahre lang habe ich geschwiegen, keinen Ton mehr. Stille!

ECKERMANN   Stille? Zehn Jahre seit dem Tode Goethes? *(kurze Pause)* Mit einem toten Vater im Gepäck, abends mir noch Geschichten erzählend, die ich kaum verstand, bin ich auf dem Wege stehen gelassen worden. Die anderen gingen weiter. Und ich? Mühsam schleppte ich mich denn fort. Ich konnte sie nicht mehr einholen. Bisweilen begegneten mir Menschen, die mich bedauerten wegen meiner Last, die mich verhöhnten deswegen, auch welche, die mir dankten. Aber alle gingen ihren Weg schnell voran, und dabei konnte meine Begleitung, schwerfällig und mühsam, nur hinderlich sein. Alle ließen mich zurück. Ich war zur Einsamkeit gezwungen, ich habe sie mir nicht ausgesucht. Hätte ich mein Gepäck stehen gelassen! Wäre ich erleichtert gewesen? Aber wer hätte schon auf mich geachtet, ohne mein Gepäck? Ohne Goethe?

LERXIKE Was habe ich mit Goethe zu tun? Mein Gepäck war die Vergangenheit selbst, der Rausch, der mir Angst machte, und den ich doch zu meinem eigenen machen wollte.

ECKERMANN Mein Rausch? Das Leben mit Goethe ein Fest, das nicht meines war?

LERXIKE Haben Sie geschwiegen? Nichts mehr geben. Zehn Jahre.

ECKERMANN Genügt das Denken sich selbst als Wirklichkeit?

LERXIKE Das Ende ist bisweilen so plötzlich. Und dann? Wohin mit sich?

ECKERMANN Ich kam mir auch vor wie nach einem Fest, das ich doch gar nicht ausstehen konnte.

LERXIKE Glauben Sie mir: es ist voller Spannung, wo das Leben dem Schein begegnet. Der Schein, der den Schatten des Lebens überleuchtet. Und doch setzt sich der Schatten durch. Das Leben lässt sich nicht stets zurückhalten. Der Fall aus dem Schein führt mitunter zu unsanften Stürzen. Da wird vieles

zerstört – und vieler Mühen bedarf es wieder unbeschadet im Leben zu stehen.

ECKERMANN Unbeschadet?

LERXIKE Was bleibt, wenn man im Gefolge mittat und
übrigbleibt, zerbrochen als der unterlegene Teil.

ECKERMANN Goethes Eckermann. Ich erinnere mich
noch genau. Als ich letztes Mal am Totenbett Goethes stand. Ich musste mich fortreißen, dann ging
ich nach Hause. 458 Schritte in eine andere Welt,
458 Schritte in die Einsamkeit. Schritt für Schritt
ein weg. Ich hatte aber keine Vorstellung, dass
diese Schritte mich auch wohin bringen könnten.

LERXIKE Du hättest schweigen müssen wie ich, so nur
hätte deine Seele sich vielleicht erholen können und
dann tun, was du wirklich tun willst. Nur das
Schweigen schafft Abstand.

ECKERMANN In einem Traum sah ich hinauf zum
Olymp und sah, dass er schon besetzt war. Nur in
einem Körbchen auf der Luhe hatte ich noch Platz.
Aber auch die Wasser der Luhe führen zur Ägäis.
Auf dem Olymp saß Goethe als olympischer Held.
Aber was für ein Held bin ich?

LERXIKE Schweige.

ECKERMANN (*weint*).

25 Im Salon von Ottilie von Goethe in Wien

Ottilie, Eckermann, auf zwei Stühlen sitzend

OTTILIE Das ist aber schön, Sie hier zu sehen, mein
lieber Eckermann. Was führt Sie hier nach Wien?
Doch nicht etwa das Geld, das ich Ihnen schulde?

ECKERMANN   Aber nicht doch, liebste Frau von Goethe. Zwar ermangelt es mir an demselben, doch will ich nicht klagen, solange ich weiß, dass Sie es nötig brauchen.

OTTILIE   Es ist eine Schande wie man mit den Angehörigen des großen Goethe umgeht. Überall feiert man ihn, aber seiner Familie gedenkt man nicht.

ECKERMANN   Es ist eine Schande. Das ist wahr. (*kurze Pause*) Aber sagen Sie, pflegen Sie Beziehungen zu Auguste Kladzig, ich meine Auguste La Roche!

OTTILIE   Aber gewiss doch. Wir alten Weimarianer halten doch zusammen. Erst letzte Woche war ich bei Ihr zum Tee geladen; auch zu ihrem Gatten, dem großen Carl La Roche, pflege ich gute Kontakte zu halten.

ECKERMANN   Sagen Sie, wie geht es Frau La Roche?

OTTILIE   Ich glaube recht gut, den Tod ihrer beiden jüngsten Kinder, der sie arg mitgenommen hat, hat sie doch gut überwunden, die Zeit heilt glücklicherweise auch diese Art von Verletzungen. Sie ist, so meine ich zu wissen, mit sich und ihrem Leben durchaus im Reinen.

ECKERMANN   Und mit Ihren Bratensaucen?

OTTILIE   (*lacht*) Hat sich der Ruhm Ihrer Saucen bis nach Weimar herumgesprochen? Sie ist gewiss eine gute Köchin und backt auch vorzüglichen Kuchen. Schon einige Male hat Sie mir von ihrem köstlichen Sandkuchen herüberschicken lassen.

ECKERMANN   Und sie dichtet?

OTTILIE   Nun ... es ist ihr ein netter Zeitvertreib.

ECKERMANN   Und das Theater?

OTTILIE   (*lacht*) Ich weiß, dass Sie mit ihr das Theater verbinden. Aber das ist schon lange vorbei, seit dem Sie in guter Hoffnung auf ihr erstes Kind war. La Roche und seine Tochter hingegen spielen umso mehr. Mit Erfolg. Und Auguste kümmert sich um alle drei, ihren Mann, dessen Tochter und um ihren Sohn. Und sie macht das gut. Haben Sie immer noch ein hängendes Verhältnis zu Frau La Roche?

ECKERMANN   Sie zu besuchen ist der eigentliche Zweck meines hier Seins.

OTTILIE   Ist das Ihr Ernst?

ECKERMANN   Aber gewiss doch. Es schien mir nichts dringender als sie zu besuchen.

OTTILIE   Warum gehen Sie nicht einfach hin, sie wohnt in der Nähe des Neuen Marktes, in der Seilergasse.

ECKERMANN   Ich wage es nicht.

OTTILIE   Wegen La Roche?

ECKERMANN   (*schweigt*)

OTTILIE   Also, wenn ich Sie recht verstehe: Ich könnte ein Treffen wohl arrangieren, hier bei mir, in meinem Garten vielleicht. Morgen um fünf Uhr? Ich werde neben Frau La Roche meinen guten Freund Seligmann einladen. Ich habe Ihnen ja von ihm geschrieben und Ihnen wohl ein anschauliches Bild dieses trefflichen Freundes übermittelt. Wäre das nach Ihrem Geschmack?

ECKERMANN   Durchaus. Und ich wäre Ihnen dafür zu tiefstem Danke verpflichtet.

OTTILIE   Aber sagen Sie, haben Sie sich das wohl überlegt? Was wollen Sie von Frau La Roche?

ECKERMANN   Ich stehe an einem Punkte meines Lebens, liebste Frau von Goethe, an dem es mir kein Vorwärts zu geben scheint. Vielleicht ein zurück, neu beginnen, es gab keine glücklicheren Augenblicke meines Lebens, als wenn ich die Sehnsucht nach Auguste fühlte. Ich habe so reine Erinnerungen an sie. Wenn schon die Gegenwart in Weimar so hässlich mir erscheint, so wollte ich, dass durch

die Belebung der Erinnerung ein neues Leben sich
mir eröffnete.

OTTILIE   Lässt sich Erinnerung beleben?

ECKERMANN   (*eifrig*) Gewiss. Noch einmal dort krank
anfangen, wo man krank geendet hat.

OTTILIE   Und gesund werden?

ECKERMANN   Und gesunden an Leib und Seele.

OTTILIE   Ich erinnere mich wohl an Ihre Liebe zum
Theater, wie es mein verehrter Schwiegervater aus-
drückte. Aber Auguste ist Frau La Roche, sie ist älter geworden, wie wir beide auch.

ECKERMANN   Stets fühlte ich, dass ich auf das Leben
Verzicht leisten sollte. Alles hielt ich aus, um groß
zu werden, immer hoffte ich, mir würde dereinst ein
schöneres Leben aufgehen; ein schöneres Leben,
armselig sitze ich in den kalten vier Wänden meiner
Wohnung in Weimar. Weimar, das niemand mehr
kennt; bisweilen schien es mir, als möchte ich
glücklicher sein, wenn ich nur ein wenig weniger
eisern gewesen wäre. Lassen Sie mich meiner Neigung nachgehen, was immer daraus werden möchte,
es könnte wohl nicht elender sein, als wie ich mich
in meinem Weimarer Exil fühle. Ich suche nach
meinem Glück. Nicht mehr!

OTTILIE   Sind Chancen wiederholbar, lieber Eckermann. Müsste man sie sich nicht woanders suchen?

ECKERMANN   Auguste, durch ihre reine Seele erhob
sich mein Genius der Poesie zu schönsten Höhen,
für Sie schrieb ich meine schönsten Gedichte, hatte
ich meine reinsten poetischen Ergüsse, durch sie
gelangte ich zu neuer Lebensfreude als ich vierzig
war. In der Mitte des Lebens stand ich, da wäre es
gut gewesen, etwas Neues zu wagen, Goethe starb,
alles hätte neu werden können, aber ich ließ mich

verstricken in meine Vergangenheit, der finstere
Wald, erst dann.
OTTILIE   Hanchen, ihre Frau.
ECKERMANN   Ja, Hanchen. Aber sie ist tot.
OTTILIE   Inzwischen sind Sie 50 Jahre alt, Eckermann.
ECKERMANN   Ist da zu spät zu allem? Zu spät zum
Glück?
OTTILIE   Wer könnte Sie wohl glücklich machen? Armer Eckermann. Also, wollen wir sehen, was daraus entstehen möge.

26 Alptraum Eckermanns

*Eckermann träumt davon Auguste im Garten von
Ottilie von Goethe wiederzusehen. Eckermann läuft
auf Auguste zu. Auguste läuft auf Eckermann zu.
Beide mit ausgebreiteten Armen.*

ECKERMANN   Auguste!
AUGUSTE   Eckermann!

*Wie zwei Blinde laufen Sie aneinander vorbei. Versuchen es mehrmals, ohne dass Ihnen die Umarmung gelänge. Dabei rufen Sie immer stoßartig
„Auguste“ bzw. „Eckermann“.
Dann fährt Eckermann aus dem Schlaf hoch.*

ECKERMANN   Auguste, du? Hier?

Ottilie stehend, Eckermann hinter einer Hecke, eine Bank, davor ein Tisch mit Teekanne und vier Tassen, Auguste tritt ein, später Seligmann.

OTTILIE   Frau La Roche, welche Freude, dass Sie gekommen sind.

AUGUSTE   Liebe Frau von Goethe, wie war ich erfreut Ihre freundliche Einladung erhalten zu haben. Wir haben uns ja schon eine Woche nicht mehr gesehen. Darf ich Ihnen dieses Paket geben. Es handelt sich um einen Sandkuchen, vielleicht können wir ihn gemeinsam verzehren. (*reicht ihr den Sandkuchen*)

OTTILIE   (*nimmt ihn mit skeptischem Blick, aber lächelnd*) Ihr köstlicher Sandkuchen!

AUGUSTE   Aber sagen Sie. Stillen Sie meine Neugier. Sie sprachen von einer Überraschung, die Sie für mich bereithalten würden.

OTTILIE   Kommen Sie nur, verehrte Frau La Roche, kommen Sie hier herüber, hinter die Hecke.

Auguste und Eckermann stehen sich gegenüber. Moment des Schweigens. Angehaltenes Bild. Es scheint nicht, dass Auguste sehr überrascht wäre, eher schon ist ein wenig Enttäuschung in ihrem Blick zu erkennen.

ECKERMANN   (*nach vorne strebend*) Auguste! (*Pause*)

AUGUSTE   (*etwas zurück weichend*) Eckermann.

ECKERMANN   (*schweigt, zögerlich, aber weiter nach vorne strebend*)

AUGUSTE   (*weiter etwas zurückweichend*) Mein Mann erzählte mir, dass Sie in Wien sind. Wie geht es Ihnen?

ECKERMANN   (*etwas unsicher, stehen bleibend*) Nun, es will mir nicht angebracht erscheinen über meinen Zustand Klage zu führen.

AUGUSTE   Es geht Ihnen also nicht gut. Ist es das, was Sie nach Wien führt? La Roche und ich haben uns bereits Gedanken darüber gemacht.

OTTILIE   (*dezent ab*)

ECKERMANN   Erinnerungen, heitere Stunden, Aufbruch, die Sie und ich erlebten.

AUGUSTE   Das ist schon mehr als zehn Jahre her!

ECKERMANN   Mir ist es, als wäre es gestern gewesen.

AUGUSTE   Heute und gestern
Sind zwei garst'ge Schwestern,
Was dem Gestern noch als Glück erschien,
Ist dem Heute verloren aus dem Sien.

ECKERMANN   (*zunächst etwas verblüfft*) Haben Sie es vergessen?

AUGUSTE   Ich habe es verloren und es wird sich auch nicht wieder finden lassen.

ECKERMANN   Was könnte dazu geführt haben?

AUGUSTE   Eckermann! Zwei Kinder starben mir. Ich bin Mutter. Ich bin Gattin!

Ottilie kommt zurück mit einem Teller, auf dem sich der Sandkuchen in Stücke geschnitten befindet, stellt den Teller zur Teekanne auf den Tisch.

AUGUSTE   (*stockt*) Ich habe Ihre Gespräche gelesen. Sie haben mich sehr gerührt. Vor allem haben Sie sie mit großer Delikatesse gestaltet. Sie können stolz darauf sein. Und Sie sollten damit zufrieden sein.
(*rezitierend*) Bist du mit dem Gemachten nicht zufrieden,
Wirst du nimmermehr glücklich hienieden.

Drum halte dich an der alten Weisen Rat,
Bescheide dich mit dem, was dir Gott gegeben hat.
ECKERMANN   (*etwas gequält schauend, sprachlos*)
OTTILIE   (*dazwischentretend*) Ja, ich habe Ihnen ja
schon geschrieben, wie sehr ich Ihr Buch schätze.
Sie wollen, habe ich gehört, einen dritten Band he-
rausgeben.
ECKERMANN   Ja, das ist meine Absicht.
OTTILIE   Nun, der Tee ist bereitet, setzen wir uns doch
auf jene Bank dort, dort steht der Tee bereit, und
der köstliche Sandkuchen, und lassen Sie uns etwas
plaudern.

*Auguste, Ottilie und Eckermann setzen sich auf eine
Bank, nehmen Tee, schweigen, lange. Ottilie nimmt
den Sandkuchen.*

OTTILIE   Dieser köstliche Sandkuchen. (*reicht den
Sandkuchen an Eckermann weiter*)
ECKERMANN   Dieser köstliche Sandkuchen. (*reicht den
Sandkuchen an Auguste weiter*)
AUGUSTE   Dieser köstliche Sandkuchen. (*reicht den
Sandkuchen an Ottilie weiter*)
OTTILIE   Dieser köstliche Sandkuchen. (*reicht den
Sandkuchen an Auguste zurück*)
AUGUSTE   Dieser köstliche Sandkuchen. (*reicht den
Sandkuchen an Eckermann weiter*)
ECKERMANN   (*behält den Sandkuchen, von dem noch
niemand gegessen hat, Schweigen*)
AUGUSTE   (*schaut nach hinten, ihr Blick folgt einem
kleinen Vogel*) Oh eine Nachtigall.
OTTILIE   (*auch aufmerksam nach hinten schauend*)
Wirklich eine Nachtigall.
ECKERMANN   (*ohne sich umzudrehen, aufblühend*)
Aber meine Lieben das ist doch eine graue Gras-

mücke. Ihre Kenntnisse der Ornithologie sind gewiss auch nicht ahnungsvoller als die ihres Schwiegervaters.

AUGUSTE   (*wieder nach hinten schauend*) Oh wieder eine graue Grasmücke.

ECKERMANN   (*wieder ohne sich umzudrehen, lässig plaudernd*) Aber mein Kind, das war doch nun wahrhaftig nicht die graue Grasmücke, auch nicht die schwarze, sondern die klappernde Grasmücke. Überhaupt ist die graue Grasmücke der späteste bei uns auftauchende Vogel, sieht man ab vom gelben Spottvogel, auch kommen die klappernden Grasmücken fast gleichzeitig mit der schwarzköpfigen Grasmücke, während die pfeifende Grasmücke vor der grasgrünen Grasmücke kommt.

OTTILIE   Aber wenn es nun keine graue Grasmücke war, vielleicht dann doch eher ein braun-graue Grasmücke.

ECKERMANN   Graue Grasmücken sind graubraun vor der Mauser, aber die gemauserte grau-braun-farbige Grasmücke ist dann doch die graue Grasmücke oder aber, wenn das Gefieder jener Grasmücke vor der Mauser schwarz-grau glänzend ist, die klappernde Grasmücke, die sich ja wiederum durch die Farbe des Kopfes von der schwarzköpfigen Grasmücke, nicht nur der grauen Grasmücke, unterscheidet.

AUGUSTE   Ach

Dr. Seligmann, mit durchaus mephistophelischen Zügen, die Eckermann aber nicht wahrnimmt, erscheint im Hintergrund.

SELIGMANN   (*aus dem Hintergrund*) Wo sind die schwarzköpfigen Grillen?

OTTILIE   Seligmann kommt! (*läuft Seligmann entge-gen, führt ihn zu Ottilie und Eckermann*)

SELIGMANN   (*begrüßt Ottilie mit einem Blick besonde-rer Vertrautheit, dann freundlich Auguste*)

ECKERMANN   Grasmücken! (*stellt den Sandkuchen auf dem Tisch ab*)

AUGUSTE   (*rezitierend*) Wo die grünen Grillen grasen Will ich Blumen-Blüten blasen.
(*alle stutzen*)

ECKERMANN   (*steht auf*)

OTTILIE   (*zu Seligmann gewandt, auf Eckermann wei-send*) Das ist er, mein lieber alter Freund Dr. Eckermann, mit dem ich viele interessante Gesprä-che in Weimar hatte. (*zu Eckermann gewandt, auf Seligmann weisend, etwas anzüglich*) Und das ist Dr. Seligmann, der mir sehr geholfen hat, in Wien ein wenig heimisch zu werden.

SELIGMANN   (*nimmt Eckermann am Arm und geht mit ihm nach hinten ab, man hört nur den ersten Satz ihres Gesprächs*) Wie geht es ihnen lieber Ecker-mann? Ich darf Sie doch so nennen, Ottilie hat mir so viel über Sie erzählt.

OTTILIE   (*geht währenddessen mit der Teekanne hin-aus, mit entschuldigendem Blick zu Auguste*)

AUGUSTE   (*allein, setzt sich, sinniert, dann in der Zei-tung lesend*) Oh ein neues Kaffeehaus in Wien am Stock-im-Eisen-Platz. (*laut vorlesend*) Der Besu-cher findet da gewählte Gesellschaft, artige und prompte Bedienung, schmackhaftes Eis von allen Sorten, guten Kaffe, prachtvolles Ameublement und wertvolle Ölgemälde.

OTTILIE   (*kommt zurück*)

AUGUSTE   Oh, liebste Frau von Goethe, wissen Sie was es mit dem neuen Kaffeehaus am Stock-im-Eisen-Platz auf sich hat?

OTTILIE   Ich weiß auch nicht, nur dass da der Besucher dort gewählte Gesellschaft, artige und prompte Bedienung, schmackhaftes Eis von allen Sorten, guten Kaffee, prachtvolles Ameublement und wertvolle Ölgemälde findet.

AUGUSTE   Ach!

Eckermann und Seligmann erscheinen wieder im Hintergrund.

OTTILIE   Liebste Frau La Roche, ich wollte Ihnen doch meinen Ginkgobaum zeigen, kommen Sie, er steht dort hinten. (*Ottilie und Auguste ab*)

ECKERMANN   (*näherkommend*) Wien ist eine schöne Stadt. Es scheint mir als schwirrten hier die Träume von besonderer Reinheit durch die Luft.

SELIGMANN   Das mag schon sein. Wien ist eine Stadt zum Träumen. Bisweilen auch zum Wegträumen. Sagen Sie, sprachen Sie je mit Goethe über Träume?

ECKERMANN   Doch das kam schon vor.

SELIGMANN   Was sagte er?

ECKERMANN   Ich erinnere mich eines besonderen Traumes. Wollen Sie ihn hören?

SELIGMANN   Aber gerne!

ECKERMANN   Ich fand mich im Traume in einer lustigen Gruppe jüngerer Männer auf einem kleinen Felsstück mitten im Meer, wo kaum fünf bis sechs Menschen Platz hatten. Vor uns lag aber die Küste in der Entfernung einer Viertelstunde auf das einladendste ausgebreitet. Man erblickte dort zwischen grünen Lauben und weißen Zelten ein Gewimmel lustiger Menschen, die sich einen guten Tag machten. Da beschloss man hinüberzuschwimmen. „Ihr habt gut reden" sagte ich," ihr seid jung und schön und überdies gute Schwimmer. Ich aber schwimme schlecht, und es fehlt mir die ansehnliche Gestalt, um mit Lust und Behagen vor den fremden Leuten am Ufer zu erscheinen." - „Du bist ein Tor," sagte einer der Schönsten, „entkleide dich nur und gib mir deine Gestalt, du sollst indes die meinige haben." Auf dieses Wort entkleidete ich mich schnell und war im Wasser und fühlte mich im Körper des anderen sofort als einen kräftigen Schwimmer. Ich hatte bald die Küste erreicht und trat mit dem heitersten Vertrauen nackt und triefend unter die Menschen. Ich war glücklich im Gefühl dieser schönen Glieder und mein Benehmen war ohne Zwang. Meine Kameraden waren auch nach und nach ans Land gekommen und es fehlte nur noch der Jüngling mit meiner Gestalt. Endlich kam auch er in die Nähe des Ufers, und man fragte mich, ob ich denn nicht Lust habe, mein früheres ich zu sehen. Bei diesen Worten wandelte mich ein gewisses Unbehagen an, teils weil ich keine große Freude an mir zu haben glaubte, teils auch weil ich fürchtete, jener Freund möchte seinen eigenen Körper sogleich zurückverlangen. Dennoch wandte ich mich zum Wasser. „Es steckt keine Schwimmkraft in deinen Gliedern," rief der Freund mir zu. Ich erkannte sogleich das Gesicht, es war das meinige, aber verjüngt und etwas voller und von der frischesten Farbe. Jetzt trat er ans Land, und indem er auf dem Sande die ersten Schritte tat, hatte ich den Überblick seines Rückens und seiner Schenkel und freute mich über die Vollkommenheit seiner Gestalt. Er kam zu mir und als er neben mich trat, hatte er vollkommen meine neue Größe. Wie ist doch, dachte ich bei mir selbst, dein kleiner Körper so schön herangewachsen. Indem wir darauf eine gute

Weile vergnügt beisammen gewesen, wunderte ich
mich, dass der Freund nicht tat, als ob er seinen eigenen Körper wieder einzutauschen Neigung habe.
Wirklich, dachte ich, er sieht in diesem Leib recht
stattlich aus, und es könnte ihm im Grunde einerlei
sein; aber mir ist es nicht einerlei, denn ich bin nicht
sicher, ob ich in jenem Leibe nicht wieder zusam-
mengehe und nicht wieder so klein werde wie zuvor. So fragte ich den Freund, wie er sich in meinen
Gliedern fühle. "Vollkommen gut," sagte er; „ich
habe dieselbe Empfindung meines Wesens und
meiner Kraft wie sonst. Ich weiß nicht, was du gegen deine Glieder hast, sie sind mir völlig recht, und
du siehst, man muss nur etwas aus sich machen.
Bleibe du in meinem Körper, solange du Lust hast,
denn ich bin vollkommen zufrieden, für alle Zeiten
in dem deinigen zu verharren." Über diese Erklä-
rung war ich sehr froh.

SELIGMANN   (*nach einer Pause*) Das ist aber ein
merkwürdiger Traum. Haben Sie je versucht ihn zu
verstehen?

ECKERMANN   Ja, ich dachte mir in ihm eine vollkommene Unabhängigkeit unserer Seele bestätigt zu
finden und die Möglichkeit einer künftigen Existenz
in einem anderen Körper.

SELIGMANN   Ach! (*nach einer kurzen Pause*) Was
sagte denn Goethe zu diesem Traum??

ECKERMANN   Goethe sagte: „Ihr Traum ist sehr artig.“

SELIGMANN   Sonst nichts?

ECKERMANN   Sonst nichts. Er ergänzte lediglich, dass
ich ihm gestehen würde, dass es mir im wachen Zustand schwer würde etwas so Eigentümliches und
Hübsches zu erfinden.

SELIGMANN   (*stutzt*) Wirklich?

ECKERMANN   Wirklich!

*Die Paare treffen sich. Seligmann wendet sich kopf-
schüttelnd Ottilie zu. Auguste wandelt mit Eckermann weiter.*

OTTILIE   (*stehen bleibend zu Seligmann*) Lieber Seligmann, wissen Sie, was es mit dem neuen Kaffeehaus am Stock-im-Eisen-Platz auf sich hat?

SELIGMANN   Nicht genau, nur dass der Besucher dort
gewählte Gesellschaft, artige und prompte Bedienung, schmackhaftes Eis von allen Sorten, guten
Kaffee, prachtvolles Ameublement und wertvolle
Ölgemälde findet.

OTTILIE   Ach (*sie gehen weiter*)

AUGUSTE   (*mit Eckermann wandelnd*) Eckermann, Sie
müssen vernünftig sein. Erinnern Sie sich nicht
mehr Ihres Gedichtes, das Sie mir einst in Stamm-
buch schrieben?

ECKERMANN   Doch, doch!

AUGUSTE   (*bedeutungsvoll deklamierend*) Das ist nun
einmal weiter nichts zu halten.

ECKERMANN   Ja, ja!

AUGUSTE   Des Lebens Nachen eilet, ohne Gnade
Von blühender Flur zu ödem Felsgestade.

ECKERMANN   Ja, ja!

AUGUSTE   Die Jugend flieht, es kommt die Zeit der
Falten,
Doch das ist Menschenlos, das wir ertragen.

ECKERMANN   Ja, ja!

AUGUSTE   Drum denke nicht des Lebens ew'ger Tücke,
Versenke dich in früh genoss'nem Glücke
Und finde Trost und Freude im Entsagen.

ECKERMANN   Ach ja!

AUGUSTE   Ob Jahre fliehen. Ewig bleibst du jung
Durch Glück und Jugend der Erinnerung.

ECKERMANN   Ach. Und trotzdem!

AUGUSTE   (*trotzig*) Nichts trotzdem! Alles beizeiten. Ich erinnere mich noch gut, wie du mir alles erklärtest. Du fordertest mich auf, die Wahlverwandtschaften zu lesen. Dann würde ich alles verstehen. (*eher leiernd rezitierend*) Die Liebe zwischen dir und Hanchen wäre demnach ganz vernünftig, gewöhnlich gewesen, auch nichts weiter. Ihr hättet euch ja als junge Leute geliebt, aber ohne große Leidenschaft. Man nannte euch ein wahrhaft prädestiniertes Paar.

ECKERMANN   (*mit etwas Pathos*) Freilich wohl. Aber nicht durch die Natur, nicht durch Liebe, sondern durch ein böses Geschick. Es ist schon wahr, erst bei dir fühlte ich, was Liebe ist, du warst mir durch die Natur bestimmt.

AUGUSTE   (*wiederum eher leiernd*) Aber nun war doch, so erklärtest du mir, die Scheidewand des gesetzlichen Versprechens an Hanchen dazwischengetreten. Du musstest entsagen, die liebe Natur musste geopfert werden. Der Mensch, so sagtest du, durch höhere Gesetze der Vernunft, durch Pflicht und Sitte gehalten, darf sich den natürlichen Neigungen nicht hingeben, er muss sich überwinden, er muss seine Natur zum Opfer bringen. Wie es in den Händen des Chemikers liegt, naturverwandte Wesen zusammenzubringen oder nicht, so ruhet die Zusammenführung natur-, geistes- und seelenverwandter Menschen in den Händen des Schicksals. Sind sie aber beisammen, so gnade ihnen Gott.

ECKERMANN   (*bitter*) So gnade ihnen Gott. Ich glaube, ich hatte die Wahlverwandtschaften einfach nicht verstanden.

Die Paare treffen sich wieder

OTTILIE   (*zu Eckermann gewandt*) Sie haben sich doch in Wien umgeschaut, wissen Sie zufällig etwas über das neue Kaffeehaus am Stock-im-Eisen-Platz?

ECKERMANN   Ich las etwas darüber dass der Besucher dort gewählte Gesellschaft finde, artige prompte Bedienung ...

AUGUSTE   ... schmackhaftes Eis ...

ECKERMANN   ... ja und ...

OTTILIE   ... von allen Sorten ...

ECKERMANN   ... ja und ...

SELIGMANN   ... prachtvolles Ameublement.

ECKERMANN   Ja genau, und wertvolle Ölgemälde! Woher wissen Sie das?

Die Paare trennen sich wieder, Seligmann geht mit Auguste auf eine Seite, Ottilie mit Eckermann auf die andere.

OTTILIE   (*zu Eckermann*) Was haben Sie von Wien gesehen?

ECKERMANN   Ich war gestern auf der Landstraße, weit draußen, beim Annentempel, bei der Birne, so sagte man. Das war sehr prächtig und überaus bevölkert.

OTTILIE   Sie müssen unbedingt zum Tivoli gehen, oder zum neuen Elysium, gar nicht weit von hier.

ECKERMANN   Elysium? Mich mutet es doch etwas an, als ob ich nicht zum Tanzen geboren sei.

OTTILIE   Aber zum Dichten! Aber hören Sie, da können Sie eine unterirdische Reise durch die Welt machen. Bis nach Asien oder nach Amerika.

ECKERMANN   Wie sollte das wohl möglich sein?

OTTILIE   Mit Lichtern, Farben, Holz und Pappmaschee. Auch echte Pflanzen haben sie dort. Das sollten Sie unbedingt erleben, auch möchte manches an Eindrücken für sie herausspringen, das Sie zum Dichten anregte.

ECKERMANN   Auch Goethe sprach bisweilen in den lobendsten Tönen von Amerika. Nicht nur im Wilhelm Meister.

OTTILIE   Aber er hat Amerika noch nie im Elysium gesehen. Sein vollendeter Faust hätte gewiss noch andere Länder gesehen, wäre er durch das Elysium nur dazu angeregt worden.

ECKERMANN   Ich glaube, jetzt heben Sie dieses Etablissement doch all zu sehr in den Himmel! Der Himmel ist hoch.

OTTILIE   Auch gibt es dort ein ausgezeichnetes Puppenspiel, das Publikum und Gäste höchst erfreulich finden. Wollen Sie mich einmal begleiten?

ECKERMANN   Also, so will ich das wohl tun. Aber zum Tanzen werden Sie mich gewiss nicht überreden können.

Die Paare treffen sich wieder. Seligmann geht mit Eckermann zur Seite, Ottilie und Auguste auf die andere.

OTTILIE   (*aus einem Gespräch heraus*) Nun, liebe Frau La Roche, ich glaube, Sie hat Eckermann geliebt, liebt er noch!?

AUGUSTE   (*errötet*) Ich habe das nie anders als eine Freundschaft aufgefasst, und habe auch nichts dazu getan, es zu ändern.

OTTILIE   Das ist aber kein Grund, warum er Sie nicht geliebt haben soll, nicht noch immer liebt, vielleicht.

AUGUSTE   Ich glaube es beinahe auch.

OTTILIE   Sie wurden ja damals krank als er für einige Zeit Weimar verließ. In der Gesellschaft deutete

man dieses als untrügliches Zeichen Ihrer sterbli-
chen Liebe.

AUGUSTE   Ach diese untrüglichen Zeichen. Alles deu-
tet man, nur um allem einen Sinn zu verleihen.
Vielleicht hatte diese Krankheit einen Sinn, gewiss
aber nicht den, den man offenbar in ihn hinein sich
dachte.

OTTILIE   Welchen Sinn geben Sie dann dieser Krankheit?

AUGUSTE   Ich wurde erwachsener, vielleicht. Nicht
wegen Eckermann. Ich bewunderte ihn, die Nähe
Goethes, bisweilen, wenn er so zu mir sprach,
schien es, als spräche Goethe zu mir. Es war fast
etwas Heiliges. Ich bin Eckermann auch viel Dank
schuldig, das weiß ich, da er meine geistige Bildung
sehr gefördert hat. Doch, es war nur Freundschaft.
Bisweilen dachte ich, er könnte meine Freundin
sein.

OTTILIE   Freundin?

AUGUSTE   Bisweilen auch schien er mir als mein Vater,
als väterlicher Freund. Dann hatte er wieder so etwas mütterliches an sich. (*kichert*)

OTTILIE   (*ebenfalls kichernd*)

AUGUSTE   Ich hatte damals einen Traum, den dürfen
Sie aber nicht weiter erzählen. Mir träumte nämlich
mir begegnete Goethe und bei ihm war seine Frau,
die sah aus wie Eckermann. (*Kichern*)

OTTILIE   Vielleicht haben Sie gar nicht so unrecht.

AUGUSTE   Und haben Sie die Einleitung zu seinen Gesprächen gelesen, wie er sein Verhältnis zu Goethe
beschreibt, er hat so etwas empfangendes? (*kichert*)

OTTILIE   (*ebenfalls kichernd*) Wirklich?

AUGUSTE   Ja, er schreibt, dass er sich Goethe gegenüber wie ein Kind vorkomme, das bemüht sei, den

erquicklichen Frühlingsregen in offenen Händen
aufzufangen.
OTTILIE Ob da die Hände das richtige Organ sind?
(*beide kichern*)

*Auf der anderen Seite des Gartens: Eckermann
fängt zu deklamieren an, mit Pathos sehr laut, ohne
Pause zum Kichern der beiden Frauen, die durchaus weiter kichern, Seligmann als zunächst stiller
Zuhörer.*

ECKERMANN Lord Byron hat den breiten Hellespont
durchschwommen, ich nicht einmal die Leine. Lord
Byron hat alles im Stich gelassen, ich nicht einmal
meine Verlobte. Lord Byron hat sich alles gegriffen,
was er auf dem Wege fand. Nicht einmal scheute er
sich seine Auguste zu missbrauchen. Was aber habe
ich ergriffen in meinem Leben! Wohl gab es kaum
eine Gelegenheit, die ich denn nicht ausgelassen
oder übersehen hätte. Meine italienische Reise.
(*grimmiges Lachen in der Form einer Übung, öfters
wiederholend, in Rage*) Ha. Ein Dahinstolpern in
den Fußtritten Goethes, des Alten, war sie. Wie anders will mir da Lord Byron erscheinen! Er betrat
Italien und der Stiefel erbebte. Er nahm sich im
Vorbeigehen was und wen er wollte und machte
sich breit, Marianna, Margherita, Teresa und wie sie
alle hießen. Ich versank hingegen in den Spuren, die
andere mir vorgegangen waren. Auf der Reise erst
bemerkte ich die Lächerlichkeit meines Zustandes.
Meine Reise war eine Karikatur seiner italienischen
Reise gewesen, eine Farce! (*wieder ruhiger*) Es zog
mich dorthin zurück, wo ich meine Wurzel zu haben glaubte. Und doch fühlte ich mich wie ein ent-
wurzelter Baum, ein entflogener Vogel. Ich suchte

dies in einem Brief Goethen zu erklären. Doch Goethes Antwortbrief, doch Goethes Brief.

SELIGMANN   Was war mit diesem Brief?

ECKERMANN   (*bitter*) Er drohte mir seine väterliche Liebe aufzukündigen. Das konnte ich nicht ertragen. Ich kehrte zurück.

SELIGMANN   (*ironisch*) Aber doch väterliche Liebe.

ECKERMANN   Haben Sie den zweiten Teil des Faust gelesen. Jenes schöne Gedicht über Euphorion.

SELIGMANN   Das Andenken an Lord Byron?

ECKERMANN   (*sich mehr und mehr in Rage redend*) An Lord Byron. Und ich? Wo ist das Andenken an mich? Immerhin bin ich es doch, der Goethe zur Vollendung des Faust bewegt hat! Gibt es auch nur eine Zeile, die an mich erinnert? Welche Gestalt mir Goethe wohl zudachte? Nicht einmal diese Mühe machte er sich, mir eine Gestalt zu erfinden! Nein, Byron war Goethes Lieblingssohn, ein Sohn nach seinem Wunsche, nach oben strebend und kühn, nicht haltlos wie der eine, nicht eckermännisch wie der andere. Manchmal bemerke ich an mir durchaus eine Neigung es Lord Byron gleichzutun.

SELIGMANN   (*nicht ohne Ironie*) Aber doch wohl nur eine Neigung.

ECKERMANN   (*bitter*) Gewiss, das Tun erschiene mir doch all zu sehr meiner vorgegebenen Bahn entgegenzulaufen. Meine Natur ist nicht von der Byrons.

SELIGMANN   (*mit Ironie*) Aber die Neigung.

ECKERMANN   Aber die Neigung!

SELIGMANN   Was war es denn, was Sie so sehr von Byron eingenommen hat?

ECKERMANN   Das Hintersichlassen. Immer wieder träumte ich davon wie Lord Byron ein Schiff zu besteigen, die ganzen elenden Kreidefelsen zurückzulassen, alles stehen lassen

SELIGMANN   (*herausfordernd*) Und Hanchen?

ECKERMANN   (*sich wieder in Rage redend*) Ja, Hanchen. Was kümmert mich Hanchen? Wie Euphorion: So entzweitest du gewaltsam dich mit Sitte, mit Gesetz. Doch zuletzt das höchste Sinnen gab dem reinen Mut Gewicht ...

SELIGMANN   (*zu sich, mit zynischem Unterton*) Wolltest Herrliches gewinnen, aber es gelang dir nicht!

ECKERMANN   Welche große Neigung verspürte ich, mich wenigstens einmal in meinem Leben mit Sitte und Gesetz zu entzweien. Hanchen stehen lassen. Goethe selbst lässt Tasso sagen: Nach Freiheit strebt der Mann, das Weib nach Sitte.

SELIGMANN   (*mit Ironie*) Sie hielten wohl mehr auf Sitte

ECKERMANN   (*schweigt betroffen*)

SELIGMANN   (*schweigt*)

Die Paare treffen sich wieder, Sprachlosigkeit und darum Schweigen, es muss deutlich werden, dass alles gesagt ist

SELIGMANN   Morgen findet beim Herrn Springer ein kleines Fest statt, sind Sie auch eingeladen, liebe Frau La Roche?

AUGUSTE   Ich werde mit meinem Mann kommen.

SELIGMANN   So werden wir uns dort alle wiedersehen. Auch Sie mein lieber Eckermann, wenn Sie mögen?

ECKERMANN   (*abwesend*) Gewiss.
   (*kurze Pause*)

OTTILIE   Da ist noch etwas von dem Sandkuchen übrig!
   (*kurze Pause*)

SELIGMANN   Oder lasst uns doch in das Kaffeehaus am Stock-Im-Eisen-Platz gehen ...

AUGUSTE   ... oh, ja, schließlich findet der Besucher
    dort gewählte Gesellschaft,
    (*im Abgehen, Eckermann trottet hinten drein, es ist
    nicht wichtig, dass man die letzten Sätze versteht*)
OTTILIE   ... artige und prompte Bedienung,
SELIGMANN   schmackhaftes Eis von allen Sorten, guten
    Kaffee,
AUGUSTE   und prachtvolles Ameublement und wert-
    volle Ölgemälde!

28   Alptraum von Eckermann

*Eckermann in seinem Bett aufrecht sitzend, es er-
scheint Goethe, Goethe liest aus einem Buch vor,
das Eckermann geschrieben hat, seine Beiträge.*

GOETHE   Sehen Sie zum Beispiel einen Löwen an, so
    finden wir seinen Charakter ausgeprägt in allen sei-
    nen Gliedern. Die Knochen seiner Beine sind so
    stark und mächtig, die Zähne fest, Brust und Genick
    so trotzig, wie es bei einem Löwen sein muss. Wir
    finden kein Glied, was nicht mit dem Charakter des
    Ganzen in völliger Übereinstimmung wäre; wir
    können daher sagen die Teile haben einen strengen
    Bezug auf sich selbst, es sei in ihnen eine völlige
    Einheit, das Ganze sei eine in sich abgeschlossene
    kleine Welt.
    Überprüfen wir diese Einsicht an einem anderen
    Exempel. Sehen wir zum Beispiel einen Eckermann
    an, was finden wir da. Die Knochen seiner Beine so
    schwach und wackelig, die Zähne schadhaft, Brust
    und Genick so beugsam. Wären die Körperteile
    dem Charakter der Seele nicht völlig gemäß gebil-

det, so wäre die Einheit verletzt. Wäre zum Beispiel ein Eckermann nicht durch und durch ein Eckermann, sondern fänden wir in ihm Gedanken von Goethe, andere von Schiller, wieder andere von Kotzebue, so wäre das eine Verletzung der Einheit, eine Vermengung mit Bestandteilen fremder Reiche.

ECKERMANN (*schreit auf*)

29 Im Hause der Familie Springer

Eckermann im Springerschen Zirkel. Anwesend Max Springer (ein reicher Wiener), seine Frau Amalie, ihre Mutter Sophie von Wertheimstein, deren Gatte Eduard Todeo, Ottilie, Dr. Seligmann, La Roche, Auguste. Verschiedene Gruppen, Eckermann steht zunächst bei Ottilie und Seligmann.

SOPHIE VON W. Sagen S', lieber La Roche, kennen S' das silberne Kaffeehaus in der Spiegelgasse schon. Sehr, sehr hübsch, finden S' net?

LA ROCHE Aber gewiss doch, Gnädigste, sehr hübsch, gewiss, aber ich geh doch lieber ins Café Benko am Stephansplatz.

MAX SPRINGER Das versteh' ich gut, werter La Roche, schließlich sind dort ja auch Frauen zugelassen. (*Lachen*)

TODEO Mein Stammkaffee ist das Bogner.

SOPHIE VON W. Bogner, hab' i noch nie gehört.

AMALIE SPRINGER Aber Mama, das Bogner in der Singergasse, dort wo die Blutgasse einmündet!

SOPHIE VON W.   Ach, da ist das Bogner. Merkwürdig. (*versinkt von da an in tiefe Gedanken, nur kurzzeitig durch Bemerkungen unterbrochen*)

MAX SPRINGER   Ich geh' immer ins Café Corra. Das liegt ganz nah beim Kärtnertortheater. Das wär' eigentlich was für Sie, La Roche, aber Frauen san da net zugelassen.

(*Lachen*)

TODEO   Aber im Sommer stellen S' dort Zelte auf für die Frauen!

AMALIE SPRINGER   Zur Besichtigung.

(*Lachen*)

La Roche entdeckt Eckermann und holt ihn heran. Auguste bleibt allein zurück, setzt sich, beobachtet die Szene.

SOPHIE VON W.   (*ihre Umgebung an ihren tiefen Gedanken kurz Teil haben lassend*) In der Singergasse, merkwürdig!

LA ROCHE   Darf ich Ihnen meinen alten Freund Eckermann vorstellen?

(*Ratlosigkeit bei der Familie Springer*)

TODEO   (*bemüht, seine Ratlosigkeit zu überspielen*) Wie war doch der Name?

ECKERMANN   Eckermann.

AMALIE SPRINGER   Eckermann?

MAX SPRINGER   Eckermann?

LA ROCHE   (*flüstert Max Springer etwas ins Ohr*)

MAX SPRINGER   Ach, Eckermann. Sind Sie nicht der Sekretär Goethes, der seine letzten Worte aufzeichnete?

ECKERMANN   (*will etwas erwidern*) Ich....

MAX SPRINGER   Seien Sie mir herzlich willkommen. Erzählen Sie mir etwas von dem alten Goethe!

80

ECKERMANN   (*will anfangen*) Ich ...

MAX SPRINGER   Der müsste ja auch schon ein paar Jahre tot sein. Wie lang' ist das jetzt her?

ECKERMANN   Genau zehn Jahre.

MAX SPRINGER   Zehn Jahre schon? Wie doch die Zeit vergeht? Aber erzählen Sie doch!

ECKERMANN   Ich weiß nicht recht, wo es anzufangen gälte.

MAX SPRINGER   Wie lange kannten Sie den alten Goethe?

ECKERMANN   Ich begegnete ihm erstmalig im Jahre 1823.

AMALIE SPRINGER   Mein Gott, vor fast zwanzig Jahren, da war ich ja fast noch ein Kind. Da lebte ja noch der gute alte Franz.

MAX SPRINGER   Aber Liebste, unser Kaiser Franz ist ja erst vor sieben Jahren gestorben.

AMALIE SPRINGER   Drei Jahre nach Goethe?!

SELIGMANN   (*der hinzugetreten ist*) Ich bewundere doch immer wieder Ihre Schlagfertigkeit, Gnädigste.

MAX SPRINGER   Ja, ja der Franz.

TODEO   Sagen S' mir nix gegen den Ferdinand. Da weiß man wenigstens, dass der nicht regiert.

MAX SPRINGER   Aber auch vorher hat doch schon der Metternich regiert. Ich erinnere mich eines Flugblattes schon vor mehr als zehn Jahren. Da stand drauf: O Metternich, o Metternich, erschlage doch das Wetter dich!
(*Lachen*)

TODEO   Das ist wohl schlecht gedichtet.

LA ROCHE   (*sich an Eckermann wendend, der etwas irritiert beiseite steht*) Hat sich eigentlich jemals Goethe zu unserem Metternich geäußert?

ECKERMANN   (*Haltung bewahrend*)   Ich kann mich
nicht erinnern. Nur bezüglich der Aussprache von
Österreichern hat er einmal bemerkt, dass er mit
denselben am Theater oft seine Not gehabt habe.

LA ROCHE   Das kann man wohl sagen (*zitiert österrei-
chische Ausdrücke*) gusch, botschkochterl, trut-
schen, Krawallawatschat, bamperlepsch, Krischpin-
del, blunzn, Drahdiwaberl, blatzn, rearn, Donaukо-
nöü ...

(*allgemeines Lachen*)

TODEO   Auch der Franz hatte einen argen Dialekt.

AMALIE SPRINGER   Und der Ferdinand erst! (*macht
Ferdinand nach, stark wienernd, sehr langsam und
umständlich sprechend, dazu mit einem blöden Ge-
sichtsausdruck*) Burrli, kum oba, aber mit'm Ball,
hast g'hert und nacher hoit die goschen.

(*alle lachen, außer Eckermann*)

ECKERMANN   (*zu sich*) Mir will wohl nicht Recht erscheinen, von seinem Herrscher so übelmeinend zu
reden

LA ROCHE   (*sich an Eckermann wendend*) Aber
Eckermann, das ist doch nur der Ferdinand.

ECKERMANN   (*eher zu sich*) Sie haben wohl recht. Man
sollte das Übelste von ihnen reden. Und das Übelste
wäre gewiss noch nicht übel genug, um ihre Übel-
keit zu treffen!

LA ROCHE   So gefallen Sie mir Eckermann. Aber behalten Sie das besser für sich.

*Es bilden sich verschiedene Gruppen, auch Auguste
und Eckermann.*

AUGUSTE   Hat Goethe sich eigentlich niemals zu unserem Verhältnis geäußert?

ECKERMANN   Nur einmal deutete er es indirekt an, dass er wohl davon Kenntnis hatte.

AUGUSTE   Ach ja, ich las diese Stelle in Ihren Gesprächen. Lasst nur den Eckermann, er ist immer abwesend, außer wenn er im Theater sitzt.

ECKERMANN   Ich erinnere mich eines besonders glücklichen Tages.

AUGUSTE   Ich habe diese Stelle mehrmals gelesen, niemals habe ich aber verstanden, warum Sie in Ihrem Buch an dieser Stelle von seiner „vollen Liebenswürdigkeit" reden, wo er doch gerade auf Ihre Kosten einen Scherz gemacht hat, über den alle Anwesenden lachten.

ECKERMANN   Schrieb ich wirklich „volle Liebenswürdigkeit"?

AUGUSTE   Ja doch, ich erinnere mich genau! (*wendet sich ab und geht auf eine andere Seite*)

ECKERMANN   (*zu sich*) „Volle Liebenswürdigkeit". Fast klingt es so, als wollte ich mich über Goethen lustig machen, was mag dort nur meine Feder geführt haben, oder hat sich Brockhaus wieder einen schlechten Scherz erlaubt?

Neue Gruppen bilden sich, Seligmann nimmt Eckermann beiseite, der nach Auguste Ausschau hält.

SELIGMANN   Sind Sie weiter gekommen mit dem, was Sie mit Ihrer Reise nach Wien beabsichtigten?

ECKERMANN   (*weiter nach Auguste Ausschau haltend, sie aber offensichtlich nicht findend, dadurch etwas abwesend wirkend*) Wer weiß, wozu es gut war.

SELIGMANN   Wenn Sie es nicht wissen?

ECKERMANN   (*noch immer etwas abwesend*) In Wien fehlt mir die Weite des Blickes. Die Klarheit der

Luft. Die Reinheit des Himmels. Ich sehne mich zurück in meine Heimat, dort wo sich im endlosen
Blick Himmel und Erde zueinander finden, dort wo
die Erde ist, auf der ich ohne Schuhe wanderte.
Wien ist zu viel Stadt, zu viele Häuser, zu wenig
Himmel. Alle Gedanken wagen nicht weiter als bis
zur nächsten Straßenecke zu reichen.

SELIGMANN   Sie wollen zurück?

ECKERMANN   (*wieder sehr anwesend*) Zurück in meine
Heimat.

SELIGMANN   Immer nur zurück?

ECKERMANN   Ich bin ein alter Mann. Ich werde in meinen Gasthof gehen. (*wendet sich zum gehen*)

LA ROCHE   (*hinzu tretend*) Sie wollen schon gehen,
Eckermann?

ECKERMANN   In meinen Gasthof

LA ROCHE   Vergessen Sie nicht die Sonnenfinsternis!

SOPHIE VON W.   Merkwürdig. In der Singergasse?

30 In den Straßen Wiens, ein Alptraum

*Eckermann, der mephistophelische Spitzel,
schleicht von links heran*

.

MEPHISTO   Sie da!

ECKERMANN   Ich, ja? Sie?

MEPHISTO   Wir kennen uns ja schon.

ECKERMANN   Was wollen Sie?

MEPHISTO   Die Person von der ich komme, lässt Sie
nicht aus ihren Augen!

ECKERMANN   Wozu sollte das gut sein?

MEPHISTO   Gottes Wege sind unergründlich! Haben Sie
gut aufgepasst? Auf Ihr Glück?

ECKERMANN   Es will mir scheinen, als würde ich es hier nicht finden.

MEPHISTO   Gut so. Die Person, von der ich komme, Sie wissen ja, würde es ganz gerne wissen, ob Sie wissen, was Sie finden wollen, wenn Sie wollen. Und andere Personen wollen das auch gerne wissen. Sie sind ja immerhin Ausländer, was nicht heißen soll, dass Inländer besser wären. Aber da Sie nun aus Jena kommen ...

ECKERMANN   Aus Weimar!

MEPHISTO   (*Eckermann nachäffend*) Aus Weimar. Aus Weimar. Schieben Sie sich Ihr Weimar wohin Sie wollen! Wo bin ich stehen geblieben? (*teuflisch lächelnd*) Lasst den Wienern ihren Prater, Weimar - Jena, da ist's schön.

ECKERMANN   Wer sagt das?

MEPHISTO   Goethe sagte das.

ECKERMANN   Goethe? Bin ich nicht Goethe?

MEPHISTO   Ja, vielleicht, wie Goethe (*Pause*) Jedenfalls was von daher kommt, das kann man schon glauben, wo Sie doch gewiss wieder zurückkehren sollten. Meinen Sie das nicht?

ECKERMANN   Ich weiß nicht.

MEPHISTO   Was Sie schon wissen ... San S' glücklich? Hier im Ausland? Als wie Goethe?

ECKERMANN   Was sollte ich im Inland?

MEPHISTO   Ich weiß das schon. Gehen Sie zurück! Dort wartet nämlich der Großherzog und die Großherzogin und die Kinder des Großherzogs und der Großherzogin und die Bediensteten des Großherzogs und der Großherzogin und die Bibliothek des Großherzogs und der Großherzogin und das Grab Schillers und der dritte Band und Ihr Glück und das Glück des Großherzogs und der Großherzogin und das Glück der Kinder des Großherzogs und ...

ECKERMANN   (*sich die Ohren zu haltend*) Schweigen
    Sie! Da warten nur meine Vögel! Und die Armut.
MEPHISTO   Und Ihr Sohn!
ECKERMANN   Karl (*er setzt sich auf eine Bank*) Karl.
MEPHISTO   (*ab*)

31 Hopfoper, ein hoffnungsvoller Traum

*Eckermann und Auguste kommen aus der Hofoper
heraus. Vor der Hofoper auf - und abschreitend, im
Hintergrund noch Musik aus Donizettis „Linda von
Chamonix". Eckermann wild gestikulierend.*

ECKERMANN   War es so? War es genau so? Es war
    doch genau so. Hörst du es nicht? Als La Roche es
    dir erzählte. Die Klänge, die Fackeln, die die Braut
    in die Kirche führen.
AUGUSTE   Mein lieber Eckermann, Sie sind nicht mehr
    bei Trost.
ECKERMANN   (*wiederholt mechanisch in Italienisch*)
    Ma qual suon le faci.
    La sposa guida al tempio.

*Dazu im Hintergrund etwas lauter als vorher die
entsprechende Musik von Linda di Chamonix.[2.
Akt, 8. Szene]*

ECKERMANN   Hast du es nicht in der Oper gesehen?
    Genauso muss es gewesen sein. Ich habe geheiratet.
    Du bist weggelaufen.
AUGUSTE   Komm zur Vernunft Eckermann. Ich bin
    nicht wahnsinnig geworden. Ich wollte dich doch
    gar nicht. Ich wollte in die Welt hinaus. Leben. Und

ich hatte La Roche. Und La Roche war auch die Welt. Wien, die große Stadt, die Zukunft, das Neue. Die Heirat in Berlin. Dann Wien. Armseliges Weimar.

ECKERMANN   Nein. Ich werde dich retten! Wie Carlo Linda gerettet hat! (*in singendem Ton, im Hintergrund die entsprechende Musik der Oper, leise[2. Akt, 8. Szene]*) E solo per me palpita
 Fedele il tuo bel cor. Ich liebte nur dich. (*Musik aus Linda di Chamonix, lauter werdend, großer Opernchor [3. Akt, letzte Szene]*)

ECKERMANN   (*etwas mitsingend, wenn es am Ende heißt*) Sempre uniti noi saremo,
Per amarci sol vivremo.

AUGUSTE   (*gleichzeitig zum Singen Eckermanns redend*) Das ist doch Unsinn. Du müsstest gerettet werden.

ECKERMANN   Questo fia per noi l'eliso
Delle gioie e dell'amor!

Großer Beifall von hinten. Eckermann verbeugt sich. Auguste ist irritiert.

32 Lustvoller Alptraum

Szene gleich den vorherigen "Lustvollen Alpträumen". Eckermann steht vor einem Haus vor einer Tür.

ECKERMANN   Da kommen Auguste und Hanchen!

Er versteckt sich im Schatten der Türe. Zwei Frauen kommen die Treppe herunter, Auguste und Hanchen, plaudernd.

AUGUSTE   Haben Sie schon gehört, welch' großen Erfolg Eckermann mit seinem Drama hatte, es wird schon in Berlin gespielt.

HANCHEN   Und es hat auch so einen aufregenden Inhalt! Der Freund, der des Freundes Schwester verführt und vom Freunde getötet wird.

AUGUSTE   Ja von Berlin bis Weimar ist man im Eduardfieber. Überall verführen junge Männer die Schwestern ihrer Freunde, um von ihren Freunden getötet zu werden.

HANCHEN   Und erst sein großes Buch. Es ist sogar schon ins Französische übersetzt worden.

AUGUSTE   Oh ja, alle Welt pilgert nach Weimar, um den großen Eckermann zu sprechen!

Die beiden gehen an Eckermann vorbei. Auguste sieht ihn in seinem Versteck. Eckermann bedeutet ihr, ihn nicht zu verraten. Auguste hält sich aber nicht daran, geht zu ihm und zieht ihn aus seinem Versteck hervor. Hanchen freut sich ihn zu sehen. Hanchen und Auguste nehmen ihn in ihre Mitte.

AUGUSTE   Lassen Sie uns Ihren alten Freund besuchen. Wie hieß er noch mal?

ECKERMANN   Goethe.

HANCHEN   Das ist eine gute Idee. Ich wollte immer schon einmal Eckermanns Goethe kennen lernen, der ihm so behilflich war.

33 Sonnenfinsternis am 8. Juli 1842

Eckermann, Auguste, La Roche, Ottilie, Seligmann. und einige andere im Stadtpark, den Blick zum Himmel gerichtet, am besten alle mit Sonnebrillen.

LA ROCHE   Es ist schon ganz schön dunkel, obwohl die Sonne noch fast vollständig zu sehen ist.

AUGUSTE   Oh wie interessant. Ein echte Sonnenfinsternis.

ECKERMANN   Ob's auch wieder hell wird?

LA ROCHE   Freilich wird's das.

OTTILIE   Hat nicht auch Goethe etwas über die Sonnenfinsternis geschrieben?

ECKERMANN   Das wüsste ich nicht. Und ich wüsste es.

AUGUSTE   Oh wie interessant. Eine echte Sonnenfinsternis!

ECKERMANN   Und es wird immer dunkler. Fast könnte man sich fürchten.

LA ROCHE   Aber Eckermann!

ECKERMANN   Sie haben leicht reden. Ich habe mal einen Tag in der Heide erlebt als ich mit meinem Vater unterwegs war. Da wurde es dunkel und immer dunkler. Es war keine Nacht. Ich glaubte die Welt ginge unter. Mein Vater hat mich in den Arm genommen. Aber ich war untröstlich. Da hat er mich geschlagen und mich angebrüllt, dass ich feige wäre und aus mir nie etwas würde. Ich habe meine Zähne auf die Lippen gebissen.

LA ROCHE   Und wurde es wieder heller?

ECKERMANN   Später. Ich habe meinen Vater gefragt, was denn los sei, auch weil kein Vogel mehr sang, kein einziger. Mein Vater hat aber nur gebrummt. Er wusste es wohl selber nicht.

(mittellanges Schweigen)

AUGUSTE   Oh wie interessant. Eine echte Sonnenfinsternis.

ECKERMANN   Ich glaube ich muss doch zurück nach
Weimar

AUGUSTE   Wenn die Sonne nicht mehr scheinen tut,
Auch das Licht am Tage ruht,
Sehnt man sich nach hellem Schein,
Wie von tausend Sternelein.

ECKERMANN   Ich muss zurück nach Weimar. (*geht
fort, ohne dass es die anderen merken*)

LA ROCHE   Jetzt ist von der Sonne fast rein gar nichts
mehr zu sehen.

OTTILIE   Es wird auch richtig kalt.

LA ROCHE   Oh wie interessant. Eine echte Sonnenfinsternis.

Es wird ganz dunkel.

34 Eine Art Nachspiel

*Eckermann sitzt wieder auf seinem Stuhl in der
Weimarer Wohnung. Offensichtlich kränkelnd. Bisweilen hüstelnd. Um ihn herum viele Vögel. Liest
laut aus einem Buch vor.*

ECKERMANN   „Als Korporal Trim seine beiden Mörser
beschickt hatte, freute es sich über die Maßen über
das Werk seiner Hände; und wohl wissend, was er
seinem Herrn für ein Vergnügen machen würde, sie
zu sehen, konnte er dem Verlangen unmöglich
widerstehen, solche stehenden Fußes nach dessen
Zimmer zu bringen.

Außer dem moralischen Satze, auf welchen ich, bey Erwähnung der Türe und Angel anspielte, hatte ich auch eine spekulativische Betrachtung auf dem Korne, die daraus entspringt, und das ist diese. Wäre die Türe aufgegangen, und in ihren Angeln gelaufen, als Türen eigentlich sein sollten. - In dem Falle, sag' ich, wäre bei Korporal Trims Hereintreten keine Gefahr, weder für den Herrn noch Bedienten, gewesen. - Den Augenblick, dass er gesehen hätte, dass mein Vater und mein Onkel Toby fest schliefen - (so ehrerbietig war er in seinem Betragen) wäre er mäusestill fortgegangen, und hätte sie beide in ihren Lehnstühlen so süß fortträumen lassen, als er sie gefunden. Das war aber, menschlicher Weise davon zu sprechen, so unmöglich, dass während der vielen Jahre, da man diese Türe so hatte hinknarren lassen, und unter den vielen Verdrießlichkeiten, die sich mein Vater dadurch zuzog - auch unter andern diese war, dass er niemals seine Arme übereinander schlug, um sein bißgen Mittagsruhe zu halten, ohne dass der Gedanke, dass ihn der Erste der Beste, der die Türe aufmachte, unvermeidlich wecken müsste, ihm immer im Kopfe herumlief, und sich so stracks zwischen ihn und den ersten balsamischen Vorschmack des Schlafes drängte, dass er ihm, wie er oft bezeugte, alle seine Annehmlichkeiten raubte.
Nun, was gibt's? Wer ist da, rief mein Vater, der den Augenblick aufwachte, als die Türe zu knarren begann. - Ich wollte doch wohl Einmal, dass der Schmidt nach der vertrackten Türe sähe! - ‚S ist nichts, gnädiger Herr, sagte Trim, als zwei Mörser, die ich herein bringe.-„

Eine Tür quietscht Eckermann hüstelt.

Anhang

Einige Anmerkungen zu den im Stück angesprochenen und handelnden Personen

Johann Peter Eckermann

Johann Peter Eckermann starb am 3. Dezember 1854 in Weimar. Mehr als 62 Jahre zuvor, am 21. September 1792, war er in Winsen an der Luhe zur Welt gekommen, einer kleinen Stadt am Südrand des Großraumes Hamburg gelegen. Er wurde in Armut hineingeboren: sein Vater, eine Art Hausierer, eine armselige Hütte, nichts Bildungsbürgerliches also. So muss er sich später auch als ein Ausgesetzter gefühlt haben. Jedenfalls entwickelte er schon bald für die Umgebung eigenartige Neigungen, vor allem zeichnete er, dabei entwickelte er eine große Leidenschaft Dinge abzuzeichnen, so akkurat wie möglich und das mit erkennbarem Talent. Damit fiel er auf und er fand wohlwollende, wohlhabende Förderer im Städtchen. Er lernte, anders wohl als seine Eltern, lesen und schreiben und entfaltete einen enormen Bildungseifer, der in der Verehrung einer Person kulminierte: Goethe. In diesem glaubte er all das zu finden, was sich ihm als Paradies zu offenbaren schien, weil es ihm fehlte: Wohlhabenheit, Gelassenheit, Bildung und Ruhm. An diesem Bild hielt er fest: das war sein Goethe! Nach einigen unvollendeten Bemühungen um die Erlangung einer Art akademischen Abschlusses (er hatte auch für kurze Zeit die Universität in Göttingen besucht), nach der Veröffentlichung eines von ihm verfassten Gedichtbandes und eines Buches, das eine Art Glaubensbekenntnis an Goethe enthielt (*„Beiträge zur Poesie mit besonderer Hinweisung auf Goethe"*), lief er zu Goethe und der hielt ihn fest. Das war im Jahre 1823. Am Anfang stand dabei eine fast märchenhafte Prüfung, die Goethe ihm auferlegte: Wie einst Aschenputtel sollte er aus mehreren dicken Bänden mit alten, anonym verfassten Zeitungsartikeln jene heraus finden, die Goethe verfasst hatte. Eckermann war erfolgreich bei diesem Unterfangen, machte deutlich, wie sehr er sich in Geist und Stil Goethes hineingedacht hatte, und Goethe reichte ihm seine Hand, er nahm ihn sich als Helfer, aber auch, das sollte man nicht vergessen, als einen jungen Freund, dessen Fähigkeit zuzuhören, Fragen zu stellen und Anregungen zu geben er offenbar schätzte. Für Goethe, das war gewissermaßen der Preis, den Eckermann zu bezahlen hatte, ließ er seine Verlobte in Hannover bzw. Bleckede warten, zwölf Jahre lang.

Wesentliche Jahre seiner Zeit mit Goethe, zwischen 1826 und 1831, sind geprägt durch eine Eckermann tief bewegende, ihn nach geradezu aufwühlende Episode, seine aus allen seinen Konventionen fallende Liebe zu einer sehr jungen Schauspielerin am Weimarer Theater, Auguste Kladzig. Es kam wohl nie zu einer körperlichen Erfüllung dieser Liebe, was etwas mit seiner Schüchternheit zu tun hatte, seiner Neigung sich wegzuträumen, aber auch mit Eckermanns Verantwortung gegenüber seiner Braut, die er im Geiste zwar ständig betrog, zu der er aber nach Außen in Treue hielt und die er schließlich auch ehelichte, vier Monate vor dem Tode Goethes. Sein Leben lang blieb ihm aber die Sehnsucht nach Auguste: Für Auguste schrieb er seine schönsten Gedichte.

Goethes Tod glich für ihn der Vertreibung aus dem Paradies: wohl hatte er vom Apfel der Erkenntnis gegessen, doch was sollte er nun damit anfangen? Goethe selbst machte ihn zwar zum Mitherausgeber seiner

Werke, aber wovon sollte er leben? Im Bemühen diese
Rätsel zu lösen verging der wesentliche Teil der restlichen zweiundzwanzig Jahre seines Lebens voller geträumter Perspektiven und mancher Schicksalsschläge.
Seine Frau starb schon 1834, seine endlich bei Brockhaus veröffentlichten Gespräche mit Goethe wurden
keineswegs ein Erfolg, ein Rechtsstreit mit diesem
Brockhaus raubte ihm seine letzten Ersparnisse, sein finanzielles Einkommen war gering, wesentlich auf einer
schmalen Rente beruhend, die der Großherzog im aussetzte, freilich unter der Bedingung, dass Eckermann in
Weimar zu wohnen habe. Sein sehnsuchtsvoller Heimattraum, zurückzukehren dorthin, wo er her kam,
schien ihm dadurch nicht verwirklichbar und er machte
auch nie Anstalten ihn ernsthaft zu verfolgen. Es blieb
eben ein Traum, wie manches andere. Allein, zwischen
Rätsel lösen und Träumen fand er immerhin Zeit, seinen
Sohn zu erziehen und die drei Bände seiner Gespräche
mit Goethe niederzuschreiben, in denen er sein Goethebild darlegte, das bis heute seine Wirkung entfaltet.
Auch führten ihn seine ornithologischen Studien zu bemerkenswert modernen Einsichten, die zu seiner Zeit
aber unbeachtet blieben.

Sein Grab erhielt Eckermann im Angesicht der Fürstengruft in Weimar, in der Goethe und Schiller ruhen,
draußen vor der Tür gewissermaßen, aber doch immerhin gewärmt durch die Strahlen der Sonne, wenn diese
denn gerade strahlt, und allemal näher bei Goethe als
dessen leiblicher Sohn, der in Rom begraben liegt, auch
näher als jener Lord Byron, der Goethe als Enfant terrible der europäische Literatur so imponierte, dass er
ihm in seinem Faust in der Gestalt des Euphorion eine
ganze Szene widmete. Beharrlichkeit zahlt sich doch
aus.

Ein Lebensschicksal, geprägt von einem eigenartigen Anwachsen von Abwesenheit erlebten Erfolges. Und dennoch: In Eckermanns merkwürdigem Lebensweg lag nicht nur begründet, dass ihm literarisch immer nur Unrecht getan wurde und wird, wie auch in dem vorliegenden Stück, sondern gerade diese Merkwürdigkeit bildete auch den Ursprung seiner ganz eigenen Unsterblichkeit.

Karl Eckermann

Er wurde 1834 als Sohn von Johann Peter und Hanchen geboren, hieß aber eigentlich (gemäß Taufschein) Johann Friedrich Wolfgang (eine offenbar ganz der deutschen Klassik geschuldete Namenskombination). Er wuchs bei seinem Vater, unterstützt von verschiedenen Frauen der Nachbarschaft, in Weimar auf. Wie sein Vater hatte er ein auffälliges malerisches Talent und wurde später zwar kein weltberühmter aber doch geachteter Landschaftsmaler, der sich, anders als sein Vater, von seinem Beruf auch gut ernähren konnte.

Lord Byron (George Gordon Byron, Baron von Rochdale)

Kaum älter als Eckermann, genau genommen nur vier Jahre, starb er schon 1824 in Griechenland, wo er am Freiheitskampf der Griechen gegen die Türken teilnehmen wollte. Sein Grab befindet sich in der Nähe von Nottigham, also ganz schön weit weg von Weimar. Mindestens in den letzten 18 von den 36 Jahren (mit 22 durchschwamm er den Hellespont!) seines Lebens begeisterte er die europäischen Intellektuellen als Dichter und provozierte sie durch seinen Lebenswandel., so auch Goethe. Dieser lässt ihn im

98

zweiten Teil seines „Faust" (3.Akt) in der Gestalt des Euphorion, dem Sohn von Helena und Faust, auferstehen, einerseits als Verkörperung der Poesie, andererseits als einen Genius, der mutig die irdischen Grenzen überwinden will. Bei dem Versuch, es Ikarus gleichzutun, kommt er zu Tode. Wie heißt es so schön im „Faust": Ein schöner Jüngling stürzt zu der Eltern Füßen, man glaubt in dem Toten eine bekannte Gestalt zu erblicken; doch das Körperliche verschwindet sogleich, die Aureole steigt wie ein Komet zum Himmel auf, Kleid, Mantel und Lyra bleiben liegen.

Johann Wolfgang von Goethe

Deutscher Dichter, viel älter und erfolgreicher als Eckermann, 1842 aber schon genau zehn Jahre tot. Er war Anlass, nicht aber Ursache für die Tragik wie die Unsterblichkeit Eckermanns.

August von Goethe

Johann Wolfgangs unglücklicher Sohn (nur wer einmal Johann Wolfgang Goethes leiblicher Sohn war, kann Augusts Unglück ermessen). Geboren drei Jahre vor Eckermann, also fast gleich alt, hatte er den Vater, den Eckermann sich immer gewünscht hatte. Offenbar sehr begabt, wurde er doch von seinem Vater in den Schatten gestellt, wofür er sich nur dadurch rächen konnte, dass er glühender Schiller-Verehrer war. So liebte August auch nicht die Menschen, die sein Vater liebte (außer Schiller). Des alten Goethes Idee, seinen Sohn mit Eckermann auf eine gemeinsame Italienreise zu schicken, gehörte denn auch nicht zu den besten Einfällen seines Lebens. Die Reise wurde eine Katastrophe: August starb 1830 in Rom, Eckermann hatte sich schon vorher von ihm getrennt und war alleine zurück gereist.

Ottilie von Goethe

1796 als Ottilie von Pogwisch geboren und als Ehefrau von August von Goethe naturgemäß Schwiegertochter von Johann Wolfgang. Vielfältig begabt, herzlich gemocht und geschätzt von ihrem Schwiegervater, weniger von ihrem Mann, aber auch etwas chaotisch, fand sie nicht so recht zu ihrem Lebensglück, woran auch ihre 1840 erfolgte Übersiedelung von Weimar nach Wien nichts wesentliches ändern konnte.

Hanchen

Geboren 1801, eigentlich Johanna Bertram, lebte in Hannover und verlobte sich im Jahre 1819 mit Eckermann, eine Verbindung inniger Liebe, wie es scheint, die indes eine zwölfjährige Verlobungszeit zu überstehen hatte (dass Carl La Roche daraus vierzehn Jahre machte, war reine Bösartigkeit). Erst am 9. November 1831 heiratete sie Eckermann in Weimar. Schon am 30. April 1834 starb sie an den Folgen der Geburt ihres Sohnes Karl. Johanna selbst könnte Anlass geben für eine wirklich bürgerliche Tragödie. Eine Tragödie, wie sie nicht unähnlich zwei Generationen vorher Gotthold Ephraim Lessing und seine Eva König durchlitten haben. Gewiss hätte Eckermann dieser Bezug gefallen, allein, er scheint ihn nicht gekannt zu haben.

August von Kotzebue

Im Jahre 1842 hätte er seinen 81. Geburtstag feiern können, wenn ihn nicht 23 Jahre vorher ein national begeisterter Student als Verräter an der nationalen Sache ermordet hätte, was wiederum, Ironie der Geschichte, dem Namen Kotzebues bis heute einen gewissen Bekanntheitsgrad erhalten hat. Nur Germanisten wissen noch, dass Kotzebue vorher einer der erfolgreichsten Autoren des deutschen Theaters der Eckermannzeit war, dass seine Stücke viel häufiger gespielt wurden als die von Schiller und Goethe zusammen, wovon letzterer und Eckermann wahrlich ein Klagelied singen konnten, zumal Kotzebue auch noch in Weimar geboren worden war und, anders als Eckermann, von da aus die Bühnenwelt Europas zu erobern verstand.

Auguste La Roche

Als Auguste Kladzig 1810 in Weimar geboren, war sie vor allem als Schauspielerin und Sängerin am Weimarer Theater tätig. Als regelmäßiger Besucher des Weimarer Theaters verliebte der vierunddreißigjährige Eckermann sich in die kaum sechzehnjährige Auguste und machte ihr fortan den Hof, so gut es ihm eben gelang. Auguste verließ Ende 1831 Weimar zusammen mit ihrem Freund Carl La Roche, den sie 1833 in Berlin heiratete, sie übersiedelte dann mit ihrem Mann nach Wien, versuchte sich erfolglos an Wiener Bühnen, war aber erfolgreiche Ehefrau und Mutter. Sie schrieb auch eine kleine, nur in privatem Kreis veröffentlichte, Novelle mit dem Titel „Fräulein Johanna". Die Novelle selbst scheint verschollen zu sein, dass sie etwas mit Hanchen zu tun haben könnte, ist unwahrscheinlich.

Carl La Roche

Geboren 1794, also zwei Jahre jünger als Eckermann, war einer der bedeutendsten und angesehensten Schauspieler im Wien des 19. Jahrhunderts, vielfach geehrt und ausgezeichnet. (sogar vom Kaiser geadelt). Ein wahrer Schauspielerfürst, wenn es so etwas geben sollte. Von keinem Geringeren als August Wilhelm Iffland höchstpersönlich für das Theater entdeckt, war er nach erfolgreichen Engagements in Dresden, Danzig und Lemberg 1823 an das Weimarer Theater gekommen und spielte dort 1829 als erster den Mephisto, eine Rolle, für die er fürderhin (lange vor Gustav Gründgens) im deutschsprachigen Raum weltberühmt wurde.

Amalie La Roche

Tochter des Carl La Roche aus erster Ehe, folgte ihrem Vater und war in den dreißiger Jahren eine durchaus angesehene und erfolgreiche Schauspielerin und Sängerin in Wien, vermochte aber ihre Position nicht zu halten und widmete sich seit den fünfziger Jahren mehr und mehr (zusammen mit ihrer Stiefmutter Auguste) der Versorgung ihres Vaters.

Lerxike

Eine der Piëriden, der Töchter des Piëros; als hochgelobte und weitgerühmte Sängerinnen forderten die Schwestern Göttinnen zum Wettsingen heraus, was natürlich nicht gut gehen konnte, berichtet zumindest Ovid.

Eduard Mautner

Ein Freund von Carl La Roche, der im Stück nur er-
wähnt wird, weil er zum 40-jährigen Bühnenjubiläum
von Carl La Roche am Wiener Burgtheater (1873) eine
Denkschrift geschrieben hat.

Johann Nestroy

Im Juni 1842 war Nestroy 40 Jahre alt, also gerade
weise, jedenfalls um einiges jünger als Eckermann. Er
war einer der populärsten Possenschreiber in Wien und,
was bei den Wienern noch mehr galt (und gilt), auch einer der populärsten Darsteller, der zumeist in seinen
Stücken die Hauptrolle selbst spielte und sang, immerhin war er in seiner frühen Zeit Opernsänger, den es
also solchen bis nach Amsterdam verschlug, also durchaus weltoffen, weltgewandt und auch gebildet, auch
wenn man das seinen Stücken nicht immer gleich an-
sieht, denn am Bildungsbürgertum hing sein Herz nicht
eigentlich. Dafür kam er immer wieder mit der Zensur
in Konflikte, war von der Obrigkeit mehr gelitten denn
geduldet.

Frédéric Soret

Drei Jahre jünger als Eckermann; er war Naturforscher
und Theologe, eine Stelle als Hauslehrer des Kronprin-
zen hatte ihn nach Weimar gebracht. Er war einer der
besten und vor allem verlässlichsten Freunde Eckermanns. 1842 lebte er schon wieder in Genf, kam aber
bisweilen zu Besuch nach Weimar.

Dr. Romeo Seligmann

Die Person mit dem gewiss schönsten Namen in dem Stück, 1808 geboren, Arzt und Kunsthistoriker in Wien, als solcher auch Universitätsprofessor. Er war einer der besten und ausdauerndsten Freunde von Ottilie.

Max Springer, Amalie Springer, geb. von Wertheimstein, Sophie von Wertheimstein, Eduard Todeo (eigentlich Todesco).

Alle nicht besonders wichtig, wohl aber sehr reich und so gehörten sie zu den angesehensten Familien Wiens. Heute noch kann man im XIX. Wiener Stadtbezirk, in Döbling, im Wertheimsteinpark spazieren gehen. Max Springer gründete in den vierziger Jahren des 19. Jahrhunderts eine Art Intellektuellenkreis, den „Springerschen Zirkel", dem auch Carl La Roche mit großer Intensität angehörte. Im Stück erscheinen diese Personen, vor allem Amalie, viel älter als sie in Wirklichkeit im Jahre 1842 waren.

Johann Joachim Winckelmann

Vierundzwanzig Jahre bevor Eckermann geboren wurde, war Winckelmann gestorben, ein hochgeehrter Mann, in dem viele einen der Begründer der wissenschaftlichen Kunstgeschichte sahen und sehen, ein Freund der alten Griechen, deren Kunst er den Charakter der „edlen Einfalt und stillen Größe" andichtete, wofür er berühmt wurde. 1842 war nicht nur das zehnte Todesjahr von Goethe, sondern auch der 125. Geburtstag von Winckelmann! Ansonsten hatte Eckermann keine Gemeinsamkeiten mit ihm.

Linda die Chamonix

Hauptfigur einer gleichnamigen Oper von Donizetti und seinem Librettisten Gaetano Rossi, die 1842 in Wien uraufgeführt wurde. Sie handelt von dem braven Bürgermädchen Linda aus Chamonix, die, von einem Adeligen gleichsam verführt, nach Paris geht und dort von diesem als Edelmätresse ausgehalten wird. Aufgrund äußeren Druckes (seine Mama will es!) heiratet dieser Adelige eine andere Frau. Daraufhin wird Linda wahnsinnig (Wahnsinnsarie!) und kehrt nach Chamonix zurück. Der Adelige, geplagt von Gewissensbissen, wird endlich zum Mann und trennt sich wieder von seiner Angetrauten und eilt nach Chamonix, um Linda zu heiraten, wodurch diese vom Wahnsinn geheilt wird.

Einige kurze Bemerkungen zum Stück

Das Stück spielt im Jahre 1842. Zu diesem Zeitpunkt ist Eckermann ein Mann von fast 50 Jahren, alleinerziehender Vater und relativ erfolgloser Schriftsteller, ohne größere eigenen Einkünfte. Die Handlung des Stückes ist fiktiv (so war Eckermann auch nur in seinen Träumen in Wien), ebenso natürlich wie die meisten Dialoge, und doch durch das, was wir über das Leben Eckermanns wissen, verbunden mit einer möglichen Wirklichkeit des Jahres 1842. So werden in dem Stück auch manche Zitate verwendet, teilweise kann man auch von einer Montage von Originaltexten sprechen. Einige stammen aus Briefen und Tagebüchern Johann Peter Eckermanns, auch aus Eckermanns Gesprächen mit Goethe, anderes wurde den Briefen und Tagebüchern von Ottilie von Goethe und Auguste Kladzig entnommen. Auch sind einige Charakterisierungen von Auguste aus der Feder von Frédéric Soret, andere von Eduard Mautner. Johann Nestroy zitiert sich in einer Szene bisweilen selbst und lieferte überdies wesentliche Textvorlagen für zwei Szenen. Die von Eckermann gesprochenen oder ihm zugewiesenen Gedichte und Aphorismen stammen, bis auf eine Ausnahme, tatsächlich alle von Eckermann. In der Eingangs- und der Schlussszene wird zu weiten Teilen Laurence Sterne zitiert.

Grundsätzlich verdankt das Stück viele sachliche Informationen zu Eckermann der immer noch grundlegenden, zweibändigen Eckermann - Biographie von H.H. Houben aus den Jahren 1925 und 1928.

Im Stück erscheint Eckermann auf drei Ebenen, als alternder Mann in seinem Zimmer, als Projektion rückblickender Träume und Erinnerungen und schließlich als agierender Held in Wien, auch mehr geträumt denn wirklich, aber doch nach vorne sich bewegend. Eine Inszenierung des Stückes müsste diesen unterschiedlichen Ebenen Rechnung tragen.

Auch sollte in diesem Sinne die Rolle der Auguste differenziert werden.

Das Stück wurde am 12. März 2004 in einer gekürzten Fassung durch die *Compagnia del Castello* in Schorndorf bei Stuttgart uraufgeführt. Der Autor dankt für manche Anregungen dem Ensemble, insbesondere dem Regisseur der Aufführung Wolfgang Kammer.